AF229534

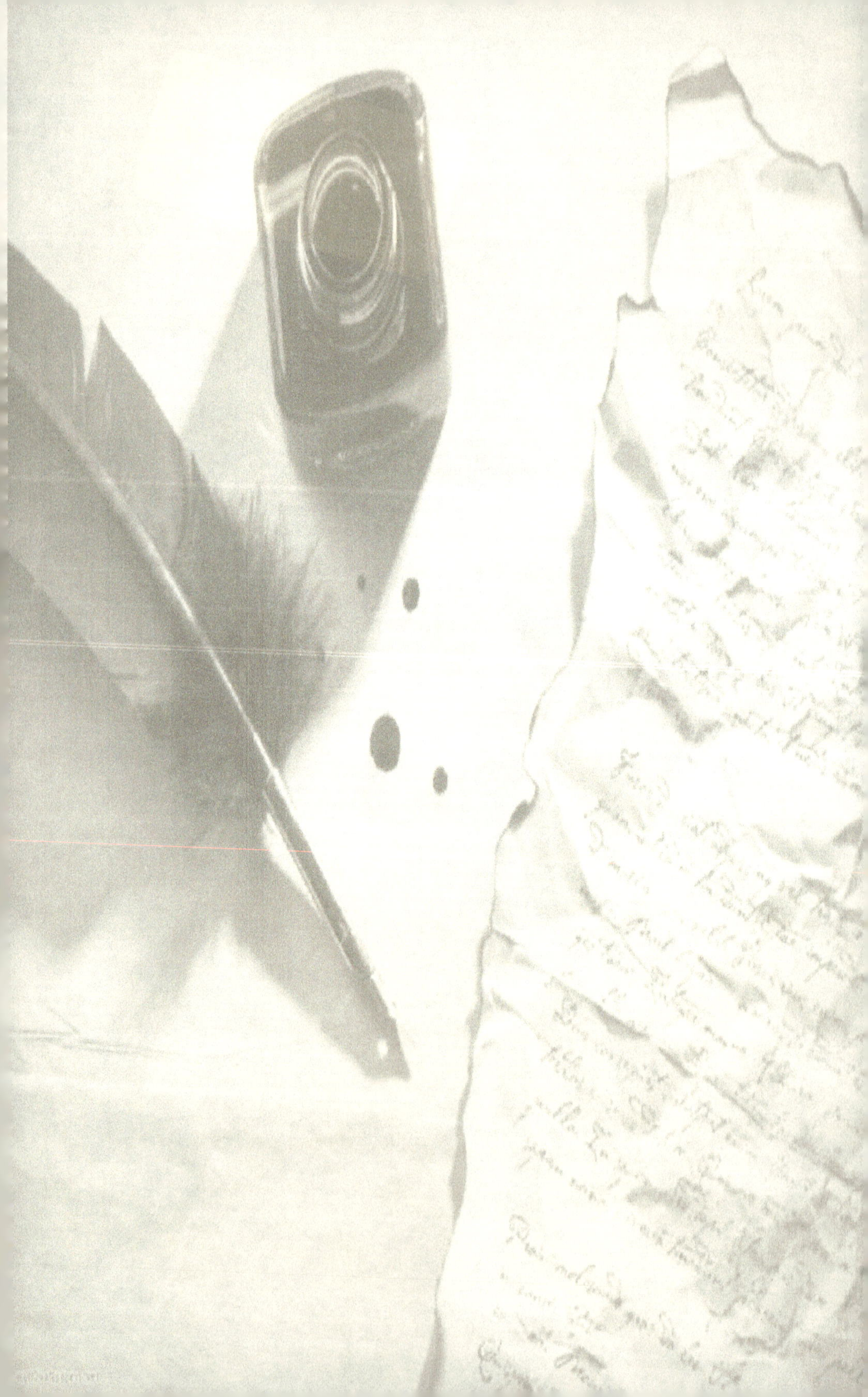

領空 與 視野

The Air Space and Vision

胡宏 著

by Spencer Hu

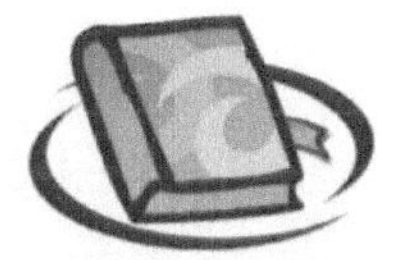

美商EHGBooks微出版公司
www.EHGBooks.com

EHG Books 公司出版
Amazon.com 總經銷
2019 年版權美國登記
未經授權不許翻印全文或部分
及翻譯為其他語言或文字
2019 年 EHGBooks 第一版

ISBN-13：978-1-62503-518-9

我願把領空與視野獻給挺身抗戰的英豪

和台海兩岸尋求和平的朋友。

領空與視野 是一部建築在史實上的*八破小說*，
其中的主角人物純屬虛構；若有相似，只是巧
合。

什麼是*八破小說*？作者在*注釋二十*裏面考究了
根源，他的用意是對即將被忘懷的史實加以珍
惜，以期我們會創造更完美的未來。

目錄

前言

這故事基本上是圍繞著兩團迷霧來說：一個是 *日本人爲什麼要攻打領土是他們二十五倍的中國？*另一個是 *兩分鐘的台海空戰結束了,但是爲什麼真相沒有結案？*
若要簡潔地回答這兩個問題，可説第一個是因爲中國遼闊的領空無人管，領土變成了野心家的天堂；另一個是：中國陷入兄弟鬩墻的混亂太久了，哪會有視野來求和平与真理呢？

當然問題的核心并不簡單，我們更須要問的是：*你認爲中國抗戰*得勝是偶然的嗎？你或許會強烈反對這種*偶然論*的説法，但是爲什麼中國戰前沒有准備？戰後*善惡是非*總不能擺平？還有，我們的主角是傅少鵬，他的哥哥傅大鵬在一次空戰中殺了對手，但大鵬在臨終對這事深感後悔，他要少鵬去找到那對手的家屬，為他道歉，可是少鵬總是辦不到，爲什麼？

在提筆寫這故事的時候，我是希望深刻地描述一些不協調的事件來探討根由，最好是用一個家庭的四個人物做背景，還要跟二十世紀挂鈎。現在寫完了，我希望讀者告訴我，我有沒有跟二十世紀挂鈎來做一些*守殘抱破*的工作？

自從跨進了二十一世紀，我們除了人人要學會*上網*，靠*電子商務*把生活作*多脈絡*地調整，甚至還要衝出太陽系，瞭解我們的宇宙。但回頭看過去的百多年，是團團迷霧，重重苦難；我們能擺擺手就只往前衝嗎？所以，我採取了*八破小説*的態度，希望我們能理出一點頭緒，繼續往前走而無悔。

一‧

遼闊領空無人管

沒有人看守的領空

　　傅少鵬在台灣上岡山中學的時候聽到一個名詞，叫做《田中奏摺》（注釋一）。他不知道這名詞到底是什麼意思，就回家問他爸爸。他爸爸説：

　　"你要知道這事幹什麼？"

　　"爸爸，我們的*歷史*老師説不清楚這《田中奏摺》是幹什麼的。"

　　這下他爸爸才看看他説：

　　"好吧，中國人都應該知道這事。不過，最好你先去問我的*王教官*。"

　　傅少鵬知道，*教官*是空軍裏面對前輩的尊稱，這次他爸爸把*前輩*請出來，一定是大事。

　　*王教官*是傅家的鄰居，他是東北人，説話很大聲。要是他在眷村裏打長途電話，村裏的人都聽得到他在説什麼。其實，*王教官*是少鵬爸爸的長官，傅家兩兄弟都叫他王伯伯。王伯伯不擺官架子，時常來少鵬家串門兒。少鵬的媽是杭州人，做得一手好菜，要是她做了*東坡肉*，還沒有燒好，王伯伯的電話就來了，説是他聞到什麼好吃的東西。就這樣，王伯伯常來少鵬家串門，這次還解答了他的問題。

　　那天是王伯伯帶著王伯母來的，他們還沒有吃飯的時候少鵬就問：

　　"王伯伯，我們歷史老師説《田中奏摺》就是日本侵略中國的證據，可是這文件失蹤了。"

　　王伯伯突然把一臉的笑容收了，低頭沉默了好一陣才回答：

　　"這文件哪需要去找？何況是他們自己燒掉的。他們早已經照著《田中奏摺》來侵略中國了。"

　　"王伯伯，這文件裏面到底説了什麼？弄得日本人這麼瘋狂地侵略中國？"

　　"田中義一在 1927 年受日本天皇之命組織日本的內閣，他提出了日本*新大陸政策*的總戰略，他的奏摺裏面是這麼説的：

欲征服中國必先征服滿蒙。

欲征服世界必先征服中國。

日本獲取中國的資源後就可以進而征服印度、南洋諸島、中小亞細亞以至歐洲。

所以，大和民族要在亞洲顯露身手，　掌握滿蒙的權利則為首要關鍵。

　　所以，日本動員了他們全部的國力，人力和財力來推動這計劃；但是他們打不贏中國，又去太平洋惹怒了美國，他們就這麼被打敗了。"

　　王伯伯的情緒激動，直到媽媽的*東坡肉*上桌，他才放鬆下來。就此，少鵬知道了一些令大人激動的話題。

　　岡山，是台灣南部一個陽光普照的小鎮。傅少鵬的哥哥叫傅大鵬，大他三歲，是岡山中學籃球校隊的主將。他哥哥成天都在籃球場上打球，從不跟大人討論這類的歷史問題。哥哥高三不到已經身高 185 公分了。在學校裏少鵬從不跟他哥走在一起，因為別人見到他們只跟大鵬説話，尤其是女孩子；少鵬只有站在一邊聽的份。

　　眷村裏住了好些飛行員，都在岡山的*空軍官校*做教官。少鵬的媽媽説，*住在眷村裏好，要是飛行員出了事，大家可以全心地彼此照顧，相互扶持。*在岡山有個*婦女會*，王伯母和少鵬的媽經常在那兒為大家服務。

　　王伯母也是東北人，他們夫婦倆都是瀋陽來的。有次他們來少鵬家聊起瀋陽的往事。王伯伯説：瀋陽以前叫*盛京*，是大清滿人的發源地，不許外人去驚動那兒，只有到了滿清晚年才有闖關東的漢人去開發。那時候還有日本軍閥、俄國皇軍都看上了那兒，兩個國家曾經為了那塊地打了一仗。

闖關東的漢人眼見列強來了，不得不開始建立*東北軍*自保。他們發現：要保護這遼闊的疆土就得有他們的飛機，於是他們建立了空軍。而日本軍也到了東北，一看東北到處是無盡的良田，不由得強把這中國人的領土和領空當作自己的領域來保護。當時，東北的軍人如張作霖，馬占山，突然發現了一個噩夢初醒的大事：日本空軍用的是最新研發出來的*下單翼*戰鬥機；而東北軍用的是一戰剩下來的*雙翅膀*飛機，絕不是日本人的對手。日本軍機飛到了東北簡直像是到了無人之地。

少鵬的爸還說過："日本為了并吞東三省，在 1931 年到瀋陽附近肇事，然後以保護*南滿鐵路*為理由，強占了瀋陽，還奪了東北軍的二百多架飛機。跟著，他們強佔了整個東北。這就是《田中奏摺》裏面說的第一步。"

"爸爸，他們是怎麼*在瀋陽附近肇事*的？"

"說來好笑！他們在*南滿鐵路*靠近瀋陽的一個鄉下地方放了一點炸藥，小小地引爆了。鐵路並沒有被炸坏，他們卻要求*國際聯盟*（League of Nations）調查，並且還出兵強佔我們的東三省（注釋二）。"

"那麼*國際聯盟*怎麼說？"

"1932 年的*賴登*（Lytton）*報告*把實況寫了很多，但是日本代表團全然不接受。他們在 1933 年退出這組織，因為在 1932 年二月日本已經建立了偽*滿洲國*，不再理會國際輿論了。"

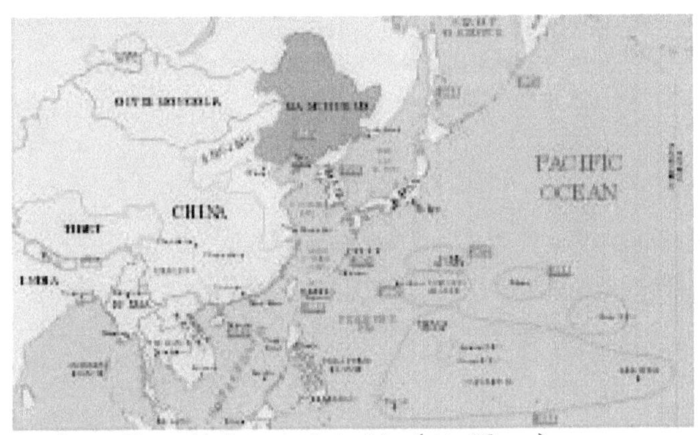

日本人 Manchukuo 的紀錄（注釋二）

　　"日本這麼鬧有什麼好處呢？"

　　"偽*滿洲國*可以兼管東北和內蒙，這就是《田中奏摺》裏面說的第一步的全部，懂吧？"

　　"1932 年還有件大事，" 少鵬爸還繼續說：

　　"就是在一月二十八爆發了*淞滬戰爭*（注釋三），中日打了六個禮拜，到了五月雙方簽了停戰協定。但是，這個*戰爭*死傷的人數跟後來在 1937 年第二次的*淞滬戰爭*的傷亡不能比，這些對中國人來說都是匪夷所思的事。"

　　"爸爸，我還是不懂為什麼日本人會像王伯伯說的，他們用全部國力來推動《田中奏摺》的計劃。"

　　"為什麼？我在*石牌*受訓的時候問過我們的日本教官，根據他們說：日本在十七世紀初的*江戶幕府*時代就相信：*日本應該跳出島國的局限，雄飛海外。*這些*經世學家*提出了日本向外侵略擴張的理論，經過田中的規劃，就變成每個日本人獻身邦國的目標，也成了他們個人榮辱的標準。"

　　"哇，真可怕！那現代的日本人怎麼想呢？"

　　"恐怕他們要摸索好一陣才會找到他們能接受的出路。"

到航校去

你知道，傅少鵬的爸爸是*中央航空學校*第二期畢業的。他爸到杭州入伍的時候說的是一口濃厚的湖北話，他們同學都是來自大江南北的好漢，說著各種方言，但都同心一志來響應*到航校去*的號召。

少鵬的媽媽是杭州人，杭州大姑娘平時說話總秀聲秀氣的，她們的談話中愛用些感叹词，像*真迪（的）呀，系系腻哦（谢谢你），当真是不好意思哦*…這些是十足*江南淑女*的形象。

少鵬從小就愛聽他爸爸說他是怎麼認識媽媽的。那是在 1933 年的夏天，少鵬的爸爸到杭州參加*全國運動大會*，就在那兒他看到一個杭州姑娘，梳著兩根辮子在做體操，還大聲地叫著：

一、 二、一！…

少鵬的媽總是馬上糾正說：
"不（音 ber）是的（音 di），我是游泳隊的 .…"
"那是因爲你們在一起就喜歡唱一首三步舞曲：

划啊呀，划啊；划啊呀，划啊 ———,

對吧？"
"那爸爸你也是運動員？"
"我是打足（音 zou）球 的.…"
但是他們怎麼會在杭州認識，戀愛，結婚.…？傅少鵬總是搞不清楚。

“我們是 1934 年在杭州附近的筧橋認識的。” 少鵬的媽總是很坦然地說她往事；她們*醒村*的太太聚會時總有人喜歡追問：

“那你高中還沒有畢業就交男朋友了？”

“同學拉了去的嘛，去*中央航校*看飛行表演，他們還有*交誼晚會*。那天他表演吹口琴，他吹了些新歌，大家都愛跟他講話....”

“像現代的傻女孩一樣吧？”

少鵬的媽指指少鵬的爸說：

“他坏，把我名字給記住了....”

“後來他找你找到你們學校去了？“

“不（音 ber）是的（音 di）。有天我經過公園，剛剛好落雨，我抱著頭去躲雨，就碰到他了。他在荷花塘照相，他一開口就叫出我的名字，還一定要把他的傘借給我 ....”

“我給趙小姐照了相，還親手把照片送到她們家去。夠有誠意吧？”

“但是，你們交了朋友，沒多久趙小姐就去了日本，怎麼辦？” 她們*醒村*的太太們喜歡打破砂鍋問到底。

據說少鵬的爸自此就常去*趙府筆莊*。他那時是位驅逐科的飛航員，趙小姐雖然去了日本留學，少鵬的爸還時常去她們家，陪她外婆聊天。外婆説*他有誠心*.... 這下，街頭巷尾的人都留意這位將來的飛將軍。以後的事發展得很快，但是，傅少鵬還是不知道他們到底是怎麼*談*戀愛的。

不管他們怎麼*談*，到了 1936 年的夏天他們就結婚了。那時，她有好幾位同學都趕上了這時代的潮流—— 嫁給飛航員。

筧橋的*中央航空學校*，*在短短五年裏就培養出 300 位飛航員。還有不少飛航員是在東北、廣東各地訓練出來的，都來到*中央航校*整合成軍。那幾年還有不少的飛航員是在洛陽、伊犁訓練出來的，都來到杭州，匯集成保衛領空的主力。

那些守護京滬杭的飛航員大多數安家在筧橋的*醒村*。住在那兒的家庭有很多飛官是娶了杭州姑娘為妻，原因當然是杭州姑娘喜愛這些*飛航員*，個個是全國各地挑來體能、學業最優秀的小夥子。另外是這些蘇杭系列的淑女個個人有些執著，偏愛這些有冒險精神的青年。那時有個說法：嫁給空軍的多半是不顧家裏反對的*杭鐵頭*。

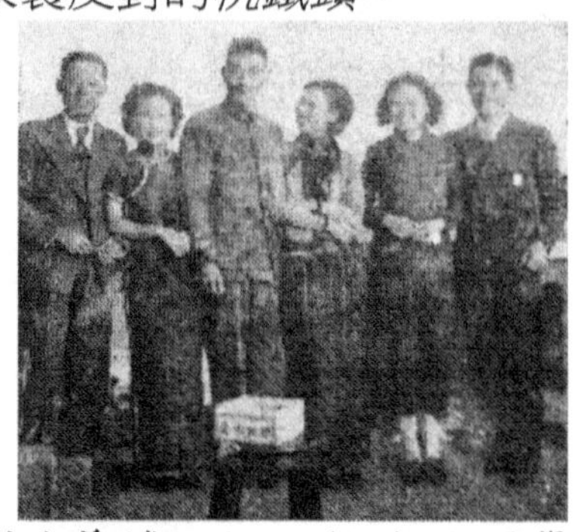

劉粹剛許希麟兩夫婦（左）與同學歡聚在自家的陽台上（1936）。

　　拿傅少鵬的爸爸媽媽那一對來說，不難想象的是：他爸爸一定是下了很大功夫才追到趙佩琪的，尤其是她一心要走在時代前面。杭州大戶人家的姑娘出國讀書不是大事，何況趙家在日本神戶已經開了分號，佩琪的阿嗲特別鼓勵她出門闖闖。

　　趙佩琪跟傅卓然結婚以後，她就得跟醒村裏別的杭州姑娘一樣，要學會過軍眷的生活，那就是過著有規律有節制的日子。好難喲！大小姐再雖心理有準備，生活上的老毛病還是有的。有天她從自己家里帶了一包檸檬糖回來，傅卓然也正從隊上回家，看到檸檬糖就說*太酸了，他牙不好，不敢吃*。佩琪聽了，二話不說就把檸檬糖都倒進了痰盂。多少年後到了台灣，一切講求*克難*，他們回想到那往事，佩琪不禁說：

　　　"好浪費喲！"

　　這些志高氣昂的年輕夫妻個個都有羅曼史，不乏有動人的故事。例如遼北昌圖來的劉粹剛，他跟許希麟小姐的羅曼史就上了報紙。在航校期間，劉粹剛在火車上邂逅了許小姐，驚為天人，從此無法自拔。許小姐文筆好，時常在報上寫稿，為讀者喜愛。在許希麟的年代，自由戀愛的風氣才剛剛普及。她的父親曾經把他這個掌上明珠找來，慎重地問過，才發現粹剛這個年輕人的確不錯，只是怕他的職業太危險了。許希麟笑著回答道：

生死有命，富貴在天。

1936 年，他們勇敢地結為夫妻。可是，結婚不到一年抗戰就開始了。無可抗拒的是：戰爭會帶來死亡，第一位離開他們的是傅卓然的老鄉，蕭作揖。他是在筧橋飛教練機的時候失事，因而殉職。

這麼才讓二期的同學警覺到：

生命是會突然改變的

後來，他們這一班二期的一共有 36 人畢業，記錄上竟然有 17 人殉職。他們這麼與死神為伍，沒有人害怕嗎？沒有，因為在他們心中個個是唱著：

把我們的血肉
築成我們心裏的長城！

這是《田中奏摺》上沒有想到的。

倉促開始的抗戰

　　1937 年的六月，蔣委員長到杭州筧橋正式宣佈 *中央航空學校* 成立，與會的人都興高采烈地互相祝賀。事實上，*西安事件* 只是半年前的事，中國還在一個無法凝聚全力發動抗戰的狀態。在國際上，歐美各個都保持一種 *愛莫能助* 的態度，尤其是美國，他們才從 *經濟蕭條* 裏掙扎出來，日本是美國商人的重要顧客，得罪不起。但對中國空軍來說，外國壓根就不願意賣新式的飛機給中國。中國試圖請留學美國的專家來研發新的戰機（注釋四），但是這隊伍在 1936 年才組織起來；因此，中國空軍在短期內只能用些一次大戰的剩貨。

　　有一天，美國來了一個叫陳納德的軍官跟著毛邦初去拜見蔣委員長。一問之下，陳納德對蔣委員長說：*中國花了大價錢向列強買飛機，但貴國只有雜牌飛機，何況只有 166 架可應戰，沒有下單翼 的新式戰鬥機，怎麼保衛領空？*

　　"那麼我們向美國買，如何？"

　　"那也不行，目前我們的國策是不要激怒日本。"

　　到了六月底，日本艦艇在 *黑龍江乾岔子島* 擊沉了蘇聯砲艇，日本當初很驚惶，生怕蘇聯會報復。但發現蘇聯態度軟弱；再細探才瞭解：蘇聯的史達林正在進行大肅軍，共產黨員就逮捕了上百萬人，內部不安定，無法強力反擊。於是日軍就擴大了對華戰事，這就引發了七七 *盧溝橋事變*，抗戰開始。

　　那個時代，這類侵略中國的事件會接連而來的；但中國人才逐漸整合建軍，有誰能保證能打得贏這場 *抗戰*？今天回過頭來看才發覺，那時候唯一靠得住的是有：

　　　我們心裏的長城

　　這確實又一次是《田中奏摺》上沒有想到的地方。

二・

日本軍閥不能等

空戰開始了

　　傅大鵬是 1937 年六月在筧橋出生的。這是傅家的大事，大鵬的爺爺特地從漢口坐江輪來看長孫，趙家更是張燈結彩來慶祝。沒有人留意到時局正在急速地變化，*在七月七日的盧溝橋事變* 引發了抗戰。

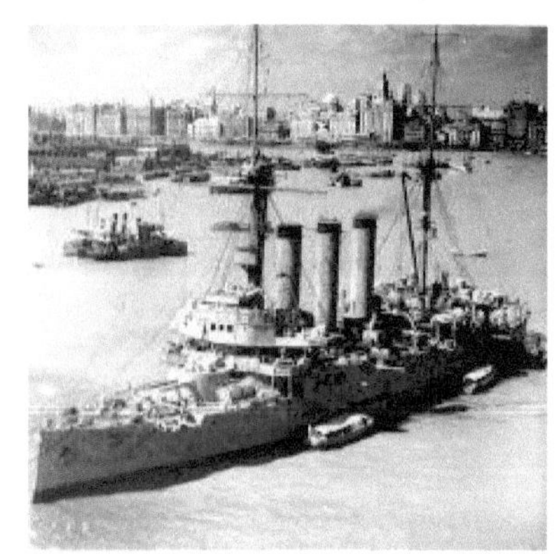

日本*出雲號* 巡洋艦從*佐世保* 出發開向中國（1937）。

　　八月十一日的清早，傅卓然受驅逐科科長之命去錢塘江上空巡邏。同行的還有偵察組的史雅。大隊長在他們出發前明白地說：日本派了軍艦對著中國開來，說不定今早就到了錢塘江口。大隊長還特別規定：要真有這事，你們馬上回來報告，*不許接觸。*

　　傅卓然和史雅都是航校剛畢業的中尉軍官，他們從放單飛算起，只有一年的飛行經驗。大隊長的規定*不許接觸*是有道理的，大隊長不要這兩位飛行員被日本的零式機發現；要是真的*接觸*了他們准會被零式機幹掉。

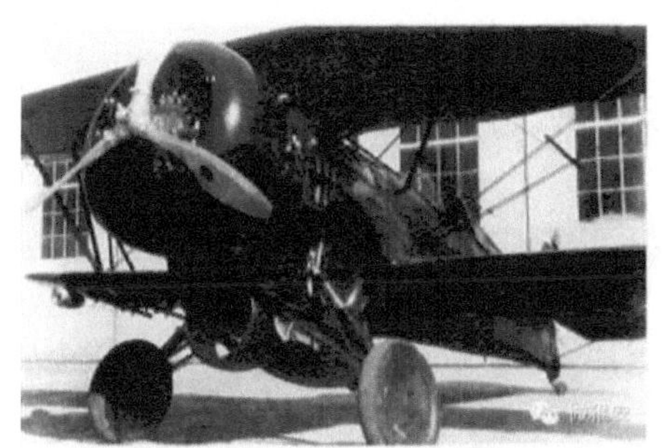

他們飛的是美式霍克-3雙翅膀飛機，是一戰 報廢品
（1937）。

　　等他們二人飛到錢塘江口，老遠地他們看見日本軍艦在
大模大樣地對著江邊放炮，還有四架零式機跟在後面繞圈子。
傅卓然馬上對史雅比個手勢就要下去攻擊。但是，史雅搖搖翅
膀，顯然不同意，他直指老遠那幾架零式機，搖手說不行。卓
然氣得火冒三丈，他盯著日本軍艦不肯讓，心裏想：怎麼，你
們來侵犯我們，我們還得商量一下才可以把你們趕走？
　　史雅見零式機散開了，大有衝上來打他們的樣子，他馬
上就鑽到云裏去。傅卓然一直在看史雅的手勢，突然史雅不見
了，倒是飛來兩架零式機。傅卓然馬上左翅膀一斜就俯衝下
去，零式機的機槍聲響起。他知道大隊長規定*不許接觸*，但是
那兩架零式機迎面而來，卓然跟他們擦翅而過，差點撞著。他
還沒有來得及掉頭拔起，看見*出雲號*就在眼前，他開始掃射，
他看見日本鬼子在炮台上慌忙地把炮塔轉向他回擊。
　　突然，卓然的機關槍發不出子彈，是卡住了。他只好把
他的*霍克-3*拔起，準備飛到云裏面去修他的機槍，待會兒再來
掃射也不遲。傅卓然沒想到，又有兩架零式機在跟著他追，窮
追不捨。他聽到他們的機關槍響起，傅卓然左晃右晃地躲避，
正好來了一朵云，他鑽進雲裏。就這時候，他的*霍克-3*開始咳
嗽了，發動機冒著濃烟，是他的飛機中彈了！
　　傅卓然再從雲裏出來的時候，他找不到*出雲號*，連零式
機也不見了。卓然前後左右地找了一陣，什麼都沒有，奇怪！
　　他的*霍克-3*發動機猛咳了幾聲，停了。他從來沒有想過
發動機會停的。這怎麼辦？只有跳傘了。他按照訓練的程序：
扣緊了保險傘，爬出機艙，準備跳....

“我的天，下面是什麼？“

是錢塘江，太陽把江面照得亮閃閃的，跳傘下去一定會掉在水中央。那行嗎？

忽然他想到：他會游泳，不怕！他就從機身往外一蹤，拉降落傘的安全扣！他開始飄在天空了！

這是祖國溫暖的天空，是傅卓然賣命也要保護的天空，決不能讓日本鬼子來搶！

他還沒有看清楚這美麗的祖國天空，那黃橙橙的錢塘江水就急速向他撲來，他本能地把降落傘收緊，再一放 ....

“忽！”

一聲，他聽到耳邊的水聲，加上出其不備的水壓使他失去了知覺。

沒一陣，卓然覺得冰冷的江水在拍打著他，他並沒有下沉，是保險傘在扯著他，讓他浮在水面上。卓然覺得全身的飛行衣濕透了，不能動彈。

他掙扎著解開保險傘的帶子，又把全身的飛行衣脫下。突然，

“啊——！”

他的左脚一陣尖銳的刺痛，他相信是跳傘的時候踢到了機身。他又奮力把飛行衣扯去，這才舒服地喘了一口氣....

保險傘慢慢地離開他隨江水離去，他看見保險傘是個大氣泡浮在江面。馬上，他抓住了保險傘，他要那保險傘幫他浮著，至少可以在上面休息一下。於是他給自己做了一個大水床，他躺下了。

他突然意識到，這錢塘江是往大海流去，這一流，他是要流到東海，那怎麼回家呀？不行。老遠他看見日本軍艦還在對著口岸發炮，還有陸戰隊在準備登陸....

要是他被江水冲過去，一定被鬼子抓到。*不行，他不能被日本鬼子抓到！*正着急，他見到一艘漁船，張起帆對著他冲過來，傅卓然奮力從他的氣泡水床上跳起，高呼：

"您家，快來這（音 jie）邊救人哪！"

那帆船好像早已經看到他似的，船夫收了帆，馬上伸出一根竹篙子。傅卓然抓住竹篙子，他就被帶上了船。漁夫沒等到傅卓然開口就扯了一片帆布把卓然蓋住，還把船順水駛向錢塘江的南岸，然後他們躲在長長的蘆葦叢裏。日本軍艦這時已經放下了一隻魚雷快艇，對著他們駛來。但快艇在南岸轉了兩回，又急急地駕駛回去。船夫這才裂口大笑，豎起大拇指說：
"唉—— 年輕人，膩是開飛機的那個佬倌伐？我看見膩迪飛機眨（*着*的意思）火了，后来膩從飛機高頭跳落到水里，我立馬张帆過來救膩來了！阿弥托福，跟早（今天的意思）是菩萨保佑酿（意爲*讓*）膩逃过了一関！"

那漁夫一直望著傅卓然，又用杭州口音說：
"我幫膩送到*彭埠*那边器（去的意思），然后膩可以從彭埠叫部黃包崔(*車*的意思)回筧橋。"
傅卓然感激地想要送些錢給這漁夫，這才發現他幾乎是光著身子，一身的飛行衣早已隨錢塘江去了大海，這才想到問漁夫借套便服穿著。漁夫很客氣，説是他今天能救了位打鬼子的飛將軍是前輩子修來的緣分。馬上把自己的衣服脫下來給他。傅卓然想，不可能再找到這漁夫，便把手上的金戒指脫下來，趁漁夫不留意的時候把戒指藏在他的飯盒裏面。到了彭埠，卓然才千謝萬謝地離去。
一路上他找到個好心的黃包車夫把他拉回筧橋的醒村。

第二天，一清早大隊長來敲門，恭喜卓然安全返防，同時也怪他不聽話，最後說：
"我有緊急會議要開。你**左脚**傷了，在家休息三天再去上班。在家你多陪陪佩琪，抱抱你兒子...."
大隊長話沒説完就開車走了。

敵人不能等

　　意想不到的是抗戰就這麼急速地開始，而且還瘋狂地擴張延伸開來，更要命的是，戰爭的傷痛緊接而來。

　　這些飛官太太們怎麼都想不到會成天竪著耳朵聽天上傳來的聲音，因爲他們住的*醒村*就在機場附件。要傳來的是清朗的飛機聲，她們都高興，都會發出驕傲的微笑。要是聽到的是一聲巨大連續的發動機聲音，緊接著是

　　嗡————轟隆！

　　一聲，每一家的婦人都得按捺著焦慮，哭不出聲來 .... 直到大隊長開車到*醒村*，他會傳來沒有人願意聽到的壞消息。

　　八月十一號的那天，佩琪一清早醒了，還躺在床上，她聽到卓然摸索著出門。他只説，*今天要出任務*，佩琪也不以為意。到了中午史雅來電話，他那蘇州軟語輕輕地問：

　　"卓然有沒有回來吃中飯啊？"

　　佩琪心裏想：*怪事，他們在同一個隊上的難道還不知道*？

　　"沒有吧—"

　　史雅對自己説："今天我們下午要踢足球。"然後又對佩琪說："要他回來了跟我打個電話，好吧？"

　　但是，整個下午都沒有卓然的消息。旁晚，大隊長開車來了，佩琪警覺起來；但大隊長只淡淡地説：*卓然今天飛行的時候掉到錢塘江裏去了，我們已經派人去救 ....*

　　佩琪保持著冷靜，她相信卓然不會有事的。他掉到錢塘江裏也一定會游回來的。別説錢塘江，卓然小時候在漢口，連長江都游得過去。他高中時長江鬧大水，他的游水本事就那時候練出來的。

　　佩琪一人在家想著往事，好像要追悼卓然似的。在這生死未明的時候，她只是萬分焦急，不肯流淚。

晚飯後史雅跟他的妻子來看她，說的都是要她堅強，不會有事的⋯⋯佩琪不願意聽，只好為他們添了茶水。沒一會，他們只好告辭。就在門口，他們看見一輛黃包車停下，走出來一個人，是他們不認識的鄉下人，左腳跛著，一歪一歪地走過來。那人對他們笑著，佩琪突然喊出來：

　　"卓然——！"

史雅和史大嫂這才認出是卓然，竟穿得像個漁夫。卓然回來了，大家高興得忙著跟他問這問那⋯.

卓然摟著佩琪，問她要了幾個錢去給車夫。這才親著佩琪進門。佩琪熱烈地跟老公擁吻，卓然等佩琪平靜了才問話說：

　　"佩琪，找些香燭（音 zou）來，我們要敬祖（音 zou）宗。"

第二天，卓然發覺他可以抱著兒子跟佩琪一起吃早餐，真是無限的幸運。佩琪還沒有等吃完早餐就找到報紙來看，她以為自己老公一定成了頭條消息。哪知道，頭條寫的是個一個無法相信的事實——第二次*淞滬戰爭*已經開始了。

到深夜，大隊長又來敲門說：
　　" 卓然，看樣子我們得加強後續戰力才能跟日本人決一死戰。所以，我們要馬上開始在柳州和昆明訓練我們的飛行員。"
大隊長**任命**他馬上去柳州主辦*空軍士官學校*，專門訓練飛行員。卓然後來說，他到了柳州才知道：*八一四空戰戰果輝煌、高志航、樂以琴、劉粹剛、李桂丹他們至少打下了六架日本戰機，報上稱他們為四大金剛。但是，沒多久，*看到報上在追悼他們，才知道，他們是在保衛京滬杭幾次的空戰裏都為國捐軀了。
卓然默默追憶，體會到失去袍澤的痛苦和孤獨。這幾場空戰裏，他的好友，劉粹剛，面對日本王牌飛機毫不怯場。在最後關頭他以高超的技巧反逆轉勝，成為大家津津樂道的空戰英雄。關於這些英雄的故事，卓然把登在報上的紀錄都珍惜地保存著，他要留著以後好好地細讀，懷念他英勇的戰友；但是，他就是沒有時間來看報紙。

在這同一時期，地面戰爭同步展開。國軍的地面部隊雖然人多勢眾，但是，幾十年處心積慮訓練出來的日軍，到了中國戰場以絕對的優勢縱橫，他們打算三個月打垮所有的中國部隊。國軍英勇地抵抗，獻身報國，造就了可歌可泣的史跡（注釋五）：

8 月 12 日，司令張治中率第八十七、第八十八師赴上海組織防禦。蔣委員長與德國軍事顧問團團長均堅信*上海必須固守*，因為上海的街道與水道，有利於中國輕武裝部隊作戰。而華北平原無險可守，日本機械化部隊可橫行無阻。於是，軍事委員會命令張治中堅守上海。

英、美、法、義 等國的外交官要求國民政府將上海列為*不設防城市*。日本一面贊同以外交方式解決衝突，一面又增兵威脅。他們以 30 餘艘軍艦護送運輸艦集中在吳淞口，發動一萬五千餘海軍陸戰隊參戰。此外，日陸軍省動員 30 萬兵力分赴上海和青島。

8 月 13 日軍向國軍進攻，*淞滬戰爭* 遂告擴大。國軍總兵力超過七十五萬戰士，這一戰的傷亡是四十余萬官兵。馮玉祥將軍後來回憶說：在上海戰場， 一百里以外看，*半邊天都是紅的*。我們的隊伍每天一個師兩個師地加入前綫。有的師上去之後三個鐘頭就死了一半。美國的史迪威將軍親眼看到：只有四挺機槍的國軍部隊，在*德安戰役* 中， 與火力強大的日軍激戰了兩晝夜，犧牲六百將士，傷五百官兵， 剩餘官兵奉命才撤出陣地。

戰到了十二月 13 日，日本軍占領南京，開始了四十多天的*報復屠殺*。士兵、平民被殺 30 萬，被奸辱、傷害的不計其數。這些暴行不是《田中奏摺》上預料皇軍會幹的。

在半年的時間裏，那被列強譏笑的*睡獅*突然成功地整軍。空軍漂亮地完成了八一三、八一四、八一五，三個大捷。素以戰略轟炸著名的*木更津航空隊*司令石井義不堪敗績，被迫剖腹自殺。日本第三艦隊司令官長谷川清曾經下令：出動全部航空兵力突襲中國空軍，打算一舉消滅中國軍隊的航空兵力。然而，長谷川清沒有想到的是，中國空軍越戰越勇，甚至主動地攻擊日本航空兵。

到了 1937 年年底，中國空軍能飛上天的戰機已不足 20 架了，飛行員也傷亡殆盡，這是中國空軍抗戰最困難的時候，空軍英雄的英勇事績（注釋五）纍纍。所幸，訓練新的飛行員已經開始參戰了。航校先後遷往昆明、巴基斯坦的拉合爾，還有的到了印度，去了臘河，甚至有的送到美國阿里松納州去訓練。趙佩琪的弟弟，趙愷文，就是這一批留美學飛的飛行員。

*****

1941 年 12 月 7 日日本偷襲珍珠港，美國馬上正式對日宣戰，參加同盟國。1943 年秋，中美雙方採取美國陳納德將軍的建議，於 10 月在印度喀拉蚩成立中美空軍聯合組織，定名為*中美空軍混合團*，中國空軍與美軍同步使用 P-40、P-51、B-24、B-25 那些最新的下單翼機種。太平洋戰爭爆發後中美混合的*駱駝*、*飛虎*兩隊不計個人生死地投入，才遏止了《田中奏摺》的第三步和第四步。

這八年抗戰，中國空軍有六千一百六十四人殉國，四百六十八架戰機被擊落（見注釋五），付出的代價不是任何國家能承擔的。這就是這個倉促開始的*抗戰*。

人類自相殘殺本是最不能被接受的悲劇。但是，人類中竟然有些為了一個奇想，就動員全國的人民去征服另外一個比他大二十五倍的國家。更奇怪的是，有的領袖以為自己比別人優越，要滅族似地焚滅異己，最終，還是自己被焚滅了。更有人覺得可以*以戰圖利，以戰止戰*.... 結果，都是帶來整個國家的毀滅。二戰已經讓人類擔心：是不是地球已經到了人類毀滅的邊緣。

　　有的學者曾經問過：*要是日本大本營在九一八事變之後就按兵不動，等日本兵力養夠了，也許可以一舉吞下整個中國，也不致於吃了兩顆原子彈才被逼停下來。* 在堀（音同窟）田江理寫的《日本大敗局》（注釋六）討論過這問題。結論是，大本營每个人都是明白人，可是谁也不敢说 不，都指望別人出头指出、自己附和，何況在 1941 年日本偷襲珍珠港之前，日本天皇在 10 月 16 日召见东条英机，命他为首相。东条英机力主对美强硬，在决策圈裏面，人人都知道东条在瞎扯，日本不可能打赢。天皇雖不主战，还因此遭遇过暗杀，面对战争动议，他的一连串反问是無用的，因爲自從明治维新以来，从没有天皇否决过内阁意见。他选择了退让，最終釀成集体的浩劫。

三·

新愁舊恨陣陣來

八年抗戰勝利結束

在傅少鵬童年的記憶裏，他感到最難忘的一天是他四歲時參加了成都的*抗戰勝利大游行*。

那天晚上的成都是整個蕩漾在歡騰之中，慶典是個*火炬大游行*。有的商店把一輩子留下來的鞭炮都給放光了；有的車隊坐滿了戰士，唱著他們家鄉的歌謠，憧憬著勝利還鄉的狂喜；街上到處是送禮物給戰士的老百姓；有的孩子點亮了玩具兔子燈在街上走；幾伙洋人按亮了電筒，照著他們臨時組成的樂班子，在街上吹吹打打，失態地叫囂.... 好像沒有人記得自己怎麼熬過了這八年的苦難。

等到喜慶的日子過了，佩琪媽媽急著要回到杭州娘家探親，卓然為她和孩子們安排了空運機回杭州，她一人帶了大鵬和少鵬從四川的彭山起飛回家。八年的生死離別是説不完的苦痛，這在少鵬跟著媽媽走進*趙府筆莊*的那一刻他就知道了。大人聚在一起哭訴、嬉笑、飲宴.... 鬧了一整天。

第二天，二舅舅發現了少鵬，他用生硬的北平話問少鵬的媽：

"大姐，這個孩（音 xie）子是哪兒來的？"

"我是傅少鵬，我是*雙流*生的。" 傅少鵬用四川話回答。

"*雙流*在哪兒？" 二舅用北平話又問。

"在*成都*那邊，他是卓然在那邊做大隊長的時候生的。" 佩琪媽媽來解圍了。

"傅少鵬，我教（音 gao）你説北平話...." 二舅舅扯著少鵬去書房。

少鵬怕他二舅舅要*告*他，馬上擺脱了二舅舅，一溜烟跑掉了。

　　那幾天，少鵬外婆家是越來越熱鬧了，因為愷文大舅也回來了。他是在美國完成了飛行訓練回國的；他一落地就被派去東北出任務。妙的是，他被擊落，被俘，又逃了出來。他在隊上聽說大姐他們都回了杭州，他就馬上請假回家，全家終於大團圓了。

　　一家人那幾天都圍著看愷文大舅，像看電影明星似地盯著他。他的英文，他的舉止，他的穿著．．．．樣樣都令人好奇。

　　凱文大舅要歸隊的那天，外公外婆捨不得他走，要他留下來，不要歸隊了。凱文大舅說家裏面有三個弟弟照顧，沒有問題。但是他還是把身上穿的美軍皮夾克留給了二舅舅，隨身帶的手槍和幾發子彈給了三舅舅，他還要四舅舅一定要把大學念完，還給他了一些美金。幾個妹妹都能做家務事，二阿姨最能幹，他特別囑咐她把家撐起來。三阿姨已經去上海做事了，不在家。四阿姨好玩，也不在家。凱文大舅只好搖搖頭，就拜別他父母，又踏上征途。

　　佩琪也急著要回四川了。外婆說，*把少鵬留下來，因為天冷了，她要個娃娃跟她睡，可以暖腳。*
　　"娘娘，少鵬要讀二年級了，怎麼行？"
　　"大姐，我負責把他送去*鴻濤小學*上課，還陪他跟娘娘學背書。"二阿姨馬上解決了問題。
　　無意中，少鵬竟然變成杭州大戶人家的一員。

抗戰勝利之後

　　但是那些無盡喜慶的日子一過完，什麼都變怪了。起先是傅少鵬的爸爸被調差調到南京*空軍總部*，少鵬被媽媽接回四川，接著又跟一家人搬到南京。南京是什麼地方？那兒什麼都大，他們住在一個很大的眷村，名叫*大光新村*，去上學得坐交通車。學校裏的學生常打架，有次哥哥的同學玩笑少鵬的*童子軍服*。那是少鵬的媽為少鵬親手縫的第一件衣服。那時候哪有縫紉機呀？都是少鵬媽找了幾塊布頭照哥哥的*童子軍服*用手拼湊出來的，樣子有點怪，口袋歪歪的。在學校裏哥哥的同學看見傅少鵬老遠就譏笑他的制服；哥哥說：

　　　"啷個（四川話的*怎麼回事*）！沒看過*童子軍服*？"

　　哥哥的同學笑得更起勁了，哥哥過去就是一人給了一拳。訓導主任聽見學生在打架，馬上跑來把大鵬兩兄弟抓去走廊上罰站。

　　在那*大光新村*少鵬第一次感到住在大眷村的快樂。他可以走幾步路到隔壁巷子去找同學。有的男生成天趴在地上打彈子，不跟他說話。有一天，他拿了一顆他爸爸為他們在夫子廟買的大理石彈子，他給一個大孩子看，那人說：

　　　"假的，這是什麼大理石彈子？真大理石彈子是摔不破的！"

　　那大孩子搶了那彈子就往水泥地上一摔，彈子當面就粉碎了。少鵬楞在那裏不知是要他賠，還是去告媽媽…

　　　"你把我弟娃兒的彈子砸碎了，還說是假的？"

　　哥哥不知是什麼時候來的，他瞪著大眼在叫。那大孩子馬上拿出一個大彈子給少鵬；轉頭就跑，嘴裏還說：

　　　"賠你就是了。"

　　*大光新村*的女生也怪，她們喜歡在一起唱歌，起先唱的都是少鵬在杭州學會的流行歌曲，他總被女生找去教，後來她們喜歡跳舞了，他跳舞就沒有學過了。她們喜歡唱：

春天的花　是多麼的香
秋天的月　是多麼的亮。
少年的我　是多麼的快樂
美麗的她　不知怎麼樣！

有一天，佩琪媽看到少鵬又要出去跳舞，就要他靜下心來，在家練字。

中秋節到了，眷村裏又是一片喜氣洋洋。畢竟，這是八年抗戰後，大家第一次可以安穩地慶祝中秋節。*大光新村*裏面真是歡樂之聲處處聞。很多小孩子沒有玩過*滴滴精*，都急著去買這新花樣，把它點燃了邊走邊看著一顆顆亮點從手中滴下來，大孩小孩幾乎人手一根在眷區裏走著。還有個新花樣叫*三響*，是一連三顆衝天炮，一個比一個響。調皮的孩子馬上發現：這玩意可以平射出去嚇人。一會兒眷村裏的大孩子們開始了*巷戰*。傅少鵬看了不敢去，他哥可是英勇地一馬當先。

中秋節晚上，爸爸回家時孩子們都在院子裏睡着了。佩琪把老大叫醒了領進屋，卓然抱起老二。突地，老二問：
　　"爸，你喝酒了...."
　　"當然嘛，我們今天在總部有個酒會。總司令要我們乾杯，我們都跟著乾了好幾杯...." 少鵬問：
　　"爸，我們*大光新村*門口的衛兵有沒有酒會過節？"
　　"沒有，他們要站崗...."
　　"那我要去衛兵那裏請他們吃月餅。"
　　少鵬一溜從他爸爸身上跳下來，拿了幾塊片月餅就往大門跑去。那兒正站著一個實槍荷彈的衛兵。少鵬過去，不知道怎麼跟他說話，只拿出他的月餅舉到衛兵的口邊說：
　　"衛兵，請你吃中秋月餅！"
　　那衛兵嚇一跳，他看著月餅，只把嘴巴閉緊。少鵬又往衛兵嘴巴裏塞，衛兵馬上叫：
　　"小孩！"
　　少鵬着急了，又不知該怎麼辦。突然聽到：

　　"少鵬，我來...."是媽來了，她說：

　　"這位衛兵，我們小孩不懂事，不過他是來慰勞你們的。我知道你們站崗吃東西要受罰，就請你把這一盒月餅都帶回去，慰勞大家。"

　　這衛兵很謝謝媽媽的好意，就收下了月餅。大家談笑起來。

　　但是，大門口衛兵那邊總有些事，有一天他們兩兄弟站在那兒等校車，看見一個穿著藍布制服的兵躺在地上。第二天那個兵還躺在那裏，有個人拿了一碗熱豆漿給他。第三天那兵就不見了，沒有人再說起。

　　又有一天，他們家工作的勤務兵說，南京川端橋有個怪和尚，他天天跟大家一起洗鍋。有人說那和尚洗鍋很不一樣，他把鍋的外面洗好了，一翻，就把鍋的裏面翻出來，又不停地洗，有人對他磕頭。過了幾天，他說：

　　"人要翻身　天要變了。"

　　就不見了。

　　到了 1948 年年底，最怪的事是他在學校裏時常聽到遙遠沉沉的炮聲，天上還看見大飛機從他們頭上飛過。後來聽說那些飛機是一種英國人留下來的*蚊式機*，木頭做的，是飛到長江對面去炸*共產黨*。*共產黨*是什麼？為什麼要去炸？大人們時常皺著眉在談這些事，但是沒有人耐煩告訴少鵬是怎麼回事；他只感覺到：大概是一個比*抗戰*更恐怖的事就要發生了。

　　這年冬天的一個清早，少鵬的爸爸把全家送去機場，他們起飛後在福州機場停下來，加滿了油，就飛去台灣了。少鵬並不知道這意味著中國又進入了戰爭，是跟抗戰不一樣的內戰。

*****

　　一場大戰之後，通常是戰敗國的**領袖**要受到戰犯的審判，追究責任。在中國，情況比較複雜，日本爲首的戰犯當屬*日本天皇*，但是開庭的時候，*同盟國*帶頭的是美國，美國是受制於他們的統帥麥克阿瑟元帥。麥帥認爲*日本天皇*不必出庭，因爲在日本決策上，他并沒有實權，麥帥讓他保持尊嚴，繼續住在日本皇宮裏。

　　中國幾十年被侵略，導致生靈塗炭，爲什麼爲首的戰犯沒有承擔罪首的處分？這問題官方的答案是：*基於政治考量*。這對中國人來説是絕對不公平的！

　　這一場大戰後明治天皇擔當了一切罪過，但又讓美國的麥帥原諒了，爲的是要維持戰後日本的穩定和美國在太平洋的絕對優勢。後來韓戰爆發了，美國領導同盟國防止了第三次世界大戰的爆發。

　　那麼**中國***抗戰*的戰犯，日本天皇和大本營的將軍，有沒有**都**承擔罪首的審判和處分？這問題變成了沒有答案的《羅生門》了（注釋十）。

如何從頭再來？

抗戰勝利三年後傅少鵬家搬到了台灣南部的*屏東*，只有他爸爸還留在*南京*。

媽媽領著一大家人搬到屏東的時候是個晚上，孩子們一到那兒就睡覺了。第二天清早，傅少鵬聽到斑鳩在叫，還有陣陣的白蘭花香隨著和風吹來，他沒想到這世上有這麼一個祥和的仙境。

媽媽照顧了這兩兄弟，就四處打聽，發現這邊有個*勝利國小*，他們兄弟二人都可以去上學。那兒用的課本跟南京用的一樣，只是進度稍微慢一點。那兒的老師都在努力學說*國語,* 也就是二舅舅教少鵬說的*北平話*。那時，少鵬的*國語*已經說得很流利了，任課老師乾脆就叫他上講台把課文念一遍，自己也用心聽了做好筆記，這才放傅少鵬下講台。

有一天媽媽送他們兩兄弟上學，她見到了少鵬的老師。那老師一說話就讓佩琪發現她們可以用日語交談。她們好高興，大家的日語都不行，拼拼湊湊地說了一大堆。臨別，那老師還給媽媽深深地一個日本式的鞠躬，媽媽還記得她在京都學的日本禮儀，媽媽回禮，二人相敬如賓。後來她們成了好朋友。

屏東的陽光是天天燦爛，樹木是個個健壯。兩兄弟上學時發現小河邊有些木瓜樹，結著金黃的木瓜。哥哥鼓動弟弟跟他吃了好幾次。木瓜有種特別的氣味，試久了終於發覺了木瓜的甜美。媽媽要孩子們寫信把屏東的生活告訴遠在南京的爸爸。

卓然爸一直還住在南京的*大光新村*，常有信來。傅家的爺爺已經到了台灣，一同來的還有奶奶和小叔叔；但是二叔，三叔都不肯來，他們說，共產黨総不會比日本人兇。

爸爸信上說：他們搬走後南京很亂，街上常見到老百姓在米店搶米。那些人，有的還闖進眷村來搶。他每天下班後沒有地方去，有時買一包糖炒栗子回家吃吃就算了。

有一次，**少鵬的**爸爸給他媽媽寫了一封信，媽看完了還哭了半天。原來是爸爸一個人去看了場電影，看得難過。多少年後少鵬才知道：那是個爸爸媽媽年輕時看過的一個電影，名叫*卡薩布蘭卡*，這電影讓他們又想起離開南京的時候沒有把外公外婆接了一起走。那時山河忽然變色，一般百姓想到抗戰逃難就怕，而台灣又是個完全陌生的地方，誰會關掉祖創**營業**逃到台灣另起爐竈（注釋七）？

年底，爸爸被調差去守重慶。在那兒他來信要他們全家搬去台北，因為他們可以跟史雅伯伯一家住在一起，兩家有個照應。那時史雅伯伯也留在大陸上班，他們兩個同期同學時常通電話聯絡。

媽媽請爺爺挑了一個好日子搬家北上。哪知，到台北的夜裏，他們找到史家，只見屋裏燈光昏暗，似乎有人在哭。相見一問才知道：史媽媽當天因爲翻車被壓而過世了。媽媽一直後悔地說：

"哎呀，要是早一天到台北，史大嫂就不會出事了⋯⋯"

那天是徐順利伯伯開車，他是爸爸和史雅伯的同學，他在山路上停車問路，不小心居然挂的是空擋，還沒有拉上剎車。車子慢慢滑下山路，孩子們都被拋到車外，只有史媽媽出不來，造成悲劇。

一切妥善之後，少鵬發現他多了一個好朋友，史斌斌。他比少鵬大一歲，都上*空軍子弟小學*，還是同班。史斌斌喜歡讀書，也喜歡跟傅少鵬說他讀了些什麼故事。他們時常坐在小馬桶上面聊天，都是史斌斌告訴少鵬什麼*徐文長*、*薛仁貴*之類的故事。

他們住的是一個日本式的房子，後院有個防空洞，蓋了一個堆滿土的屋頂，他們孩子們就在那兒種花、爬*山*。史斌斌有個姐姐，比他還會讀書，又比哥哥大一歲，每次颱風過後，門口的小溪漲滿了水，他們就在那兒釣魚、捉蝦，過著無憂無慮的孩童生活，不知道，外面戰火又燒紅了滿天。

有一天旁晚，一輛軍車開到他們的家門口，下來的竟然是他爸爸。爸爸瘦了，眼睛張得大大的，拎著個保險傘袋，還背著一個長布袋。佩琪驚喜地把卓然迎進屋，幫他清洗，為他泡了一杯茶，又趕快去燒晚飯....等大家吃過了飯，爸爸才指指那長布袋說：

"那袋裏是根*卡賓槍*，我已經準備好了上山去打游擊。今天早上*司令*在飛機上擠出了一個位子，要我跟他走。就這麼樣，我今天可以*到台北回家了*...."

沒有幾天，那*司令*來看爸爸。他們在一起談話，不讓孩子們聽。少鵬老遠看見他們有時在搖頭，有時在嘆氣；還有一下，傅少鵬看見*司令*用手帕檫眼睛。談到天黑*司令*才離去。又過了兩個禮拜，*司令*開了吉普車來接卓然爸，他們都穿了整齊的軍服，見面沒有談笑。

天晚了，他們才回來，都明顯地輕鬆了。卓然跟佩琪說：

"上面說的，我們守重慶盡職盡到最後，現在可以在台灣復職了。"

佩琪和卓然很高興，二人抱著孩子們說笑，直到深夜。

沒有多久，史斌斌一家人搬走了，他和少鵬還是同班，只是史斌斌變得越來越沉默了。有一天，他穿了件漂亮襯衫來上學，說是他的後媽給他買的。有的同學逗他，有的羨慕；但是他再也沒有穿過那件襯衫。

少鵬和他同班同學都很好學，他們都成了終身的好朋友。他們有優秀的老師，好些老師原先是*流亡學生*，來台後變成了小學老師，教得好。那年他們考初中都順利過關。

在他們小學快畢業的時候，有天，一個同學在大家清掃教室的時候說：

"我們的政府同意*國際軍事法庭*的裁決：對日本的罪行要*以德報怨，一筆勾銷*。"

好些同學馬上反應激烈地發言；教國文的張老師
聽到了卻說：

"各位同學，以今天的國際局勢來看，大概是我
們在聯合國沒有什麼優勢來要求日本賠賞，是吧？"

"我們在聯合國是個*常任理事國*，對吧？"

"恐怕那個優勢都不保，誰說我們還是聯合國裏五強之
一？"

大家這時才瞭解到：*丟了大陸，連日本的罪行也以德報
怨，一筆勾銷*去了。不然，連日本這戰敗國在聯合國都不會幫
我們説話，我們的席次也保不住了。

*****

那一陣，同學們過的日子都很清苦，每天大家的便當盒
裏面除了米飯，都只是醬瓜。

卓然在空軍總部成了*咨議官*，也就是説，他是賦閑在
家。每天早上總是卓然先起來，打理孩子們吃了稀飯上學後，
他開始清理家裏面的東西，尤其是他多年集下來的文件。以前
抗戰的時候，每次搬家都是佩琪努力為他保存的文件。現在二
人每天有看不完的東西可以翻閱了。

有一天，卓然翻到了他保留的舊報紙，上面寫的全是他
們的空戰英雄：

開戰三個月，高志航、劉粹剛、樂以琴、李桂丹，已經
被同胞稱為空軍的「四大金剛」，因爲他們早已是視死
如歸地為中國抵禦外侮。他們的感人事跡可以歸納成下
列幾段：

首先是高志航，他是東北人，原先是東北軍航空處飛鷹
隊駕駛員，九一八事件後，他南下到軍政部航空署被任
命為第 4 大隊大隊長，並在中央航校訓練飛行員。8 月
14 日中午，高志航與李桂丹在滬杭一帶作空中搜索，他
們發現敵機，立即迎擊。 僅三十餘分鐘的空戰，高志航
擊落 2 架敵機，李桂丹、柳哲生、王文驊等合力擊落敵

機 1 架，全大隊擊落日機六架。中國空軍全部安然返防，是為勝利之始。

11 月 21 日，日機襲擊周口機場，高志航率機應戰，在滑出跑道前的瞬間被炸彈擊中，為國捐軀，時年 30 歲。

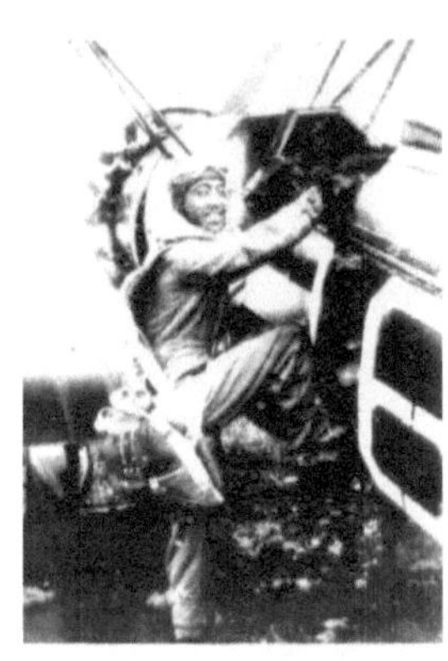

劉粹剛在這几場空戰裏，他面對日本戰機毫不怯場，在最後關頭他總以高超的技巧反逆轉勝，為國人津津樂道（1937）。

再是劉粹剛，在 1937 年的空戰一開始，他已經擊落了七架敵機。10 月 12 日午後，日本 18 架戰機飛臨南京投彈掃射後，由於未見中國空軍迎擊，開始在南京上空穿梭飛行，玩起了特技，羞辱中國飛行員。劉粹剛見狀，怒不可遏，跳進飛機單機勇闖敵陣。正得意的日本飛行員見劉粹剛單機升空，一齊向他撲來。日本飛機自認為速度快、性能好，想咬住劉粹剛座機的尾部。劉粹剛猛然一個直 8 字急轉彎，由被動變主動，在兩、三秒鐘的時間內，4 挺機關槍同時開火，擊中日機要害，日機拖著一條條濃煙墜地。南京城內的老百姓顧不得防空警報，傾城而出，前來觀戰助威。其餘日機見狀，知道遇見了高手，慌忙逃離。此後，日軍飛行員見了 2401 號即知是劉粹剛的座機，不敢再與其交戰。

10 月 25 日，劉粹剛奉命率 3 架霍克機，從江蘇溧水出發，飛往山西，支援忻口戰役。劉粹剛對航線不熟，太原機場又進行燈火管制，無法降落，飛過了太原，只好返回洛陽。當飛臨晉東南上空時，飛機汽油已經無法支持飛行。劉粹剛毅然放出唯一的一顆照明彈，協助僚機迫降。2 架僚機各自迫降後，飛行員獲救。劉粹剛為保住飛機，他沒有跳傘逃生，選擇了迫降。但因天黑，在迫降過程中飛機不慎撞上了 20 多米高的*魁星樓*，不幸犧牲，時年 24 歲。

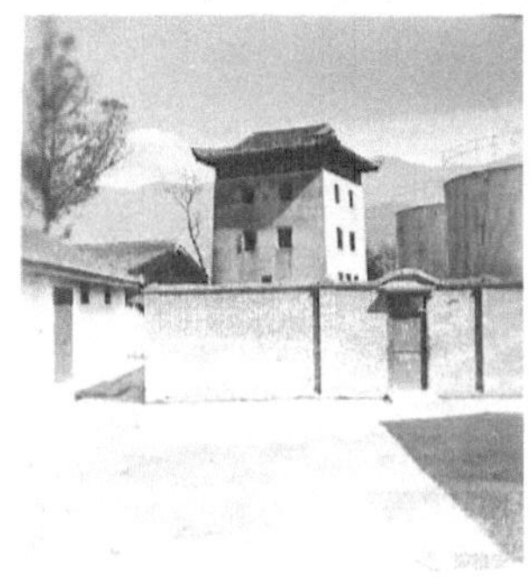

樂以琴在四川住的碉樓 〔1936〕

另一位金剛是樂以琴，他考入山東齊魯大學的時候九一八事變爆發，戰火逐漸從東北蔓延到關內。敵人在山東的氣焰十分囂張，他決意從軍，考入了航校第三期學員。他的教官就是高志航，編入空軍第四大隊。8 月 14 日他們冒雨自華北飛返杭州，剛在筧橋機場落地，即遇自台灣來襲的日「木更津」轟炸機聯隊出動 13 架，他們來不及加油即升空迎戰，在高志航大隊長率領下，一舉擊落日「96」式轟炸機 6 架。第二日 「木更津」轟炸機聯隊敵機 34 架襲擊杭州，以琴升空後駕駛著他的「2204」Hawk-3 雙翼戰機作前鋒，一舉擊落了 4 架日「96」式轟炸機。

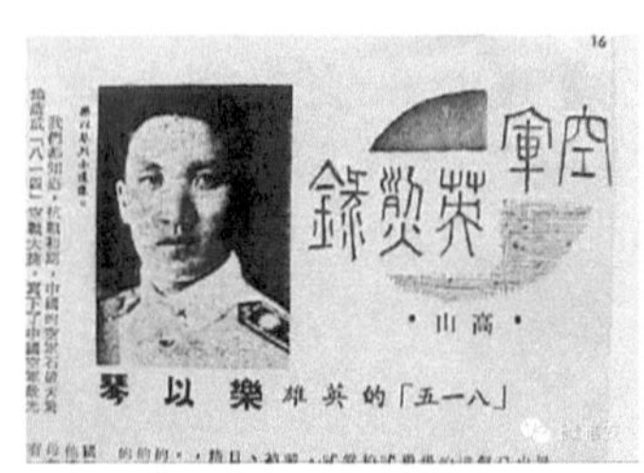

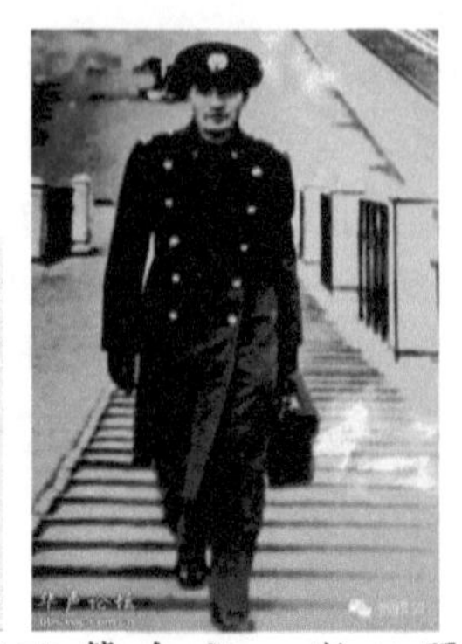

1937 年 12 月 3 日，日機進襲南京，樂以琴升空展開了殊死的戰鬥，不幸被日寇擊傷，跳傘而亡。

卓然看完剪報，覺得自己跟這幾位英雄又近了一層，尤其是樂以琴，他長得英武，行動飄逸，講得一口四川官話，他們和劉粹剛都是跟高自航學飛行的學生，在天上練習*纏鬥*都不肯讓，在地上卻是親如兄弟。

那天卓然被調到桂林去訓練新生，劉粹剛急匆匆地跑來問他借地圖。卓然看粹剛急得不能等的樣子，馬上就從他飛行衣裏面抽出地圖給他，目送他跨上座機。那是他們最後一次見面。粹剛為國捐軀了，卓然很後悔把地圖借給他。空軍飛行員裏面有一個迷信：*地圖是不能借給戰友的，這一借反會害死戰友*。後來，卓然又無心地把地圖借給他的學生，閻海文，那次證實了這個迷信。閻海文不但被日本人擊落，還被日本兵在地面圍住了。日本兵要他投降，閻海文看著祖國的藍天，在日本兵圍緊要來抓他的時候，他毅然舉槍自盡了。日本兵敬佩閻海文，爲他埋葬致敬。

卓然感嘆，打鬥了幾年下來只有他還活著。他們趕走了日本人，而今反被自己中國人逼到這地步，真不知如何翻本！

*****

　　政府提倡一個*克難運動*來鼓勵大家想法找生計。少鵬的同學家裏有的開始學縫紉，自己做衣服。他爸爸説，他們家可以養雞，解決營養問題。爸爸做了一種*孵蛋器*可以把鷄蛋孵出小鷄，他又去農場學會拌和飼料喂鷄，一直把鷄養大生蛋。於是，全家早餐有了鷄蛋。哥哥一下子身材飆高，爸爸常説那是因為他們那時營養好的關係。

　　*克難運動*馬上變成一種風氣，部隊也爭著想出新花樣來開源。屏東機場的一位聯隊長發現：他這機場除了一大堆日本的破飛機外，就是田地。他決定在機場種大片的木瓜樹，木瓜熟了就運出去賣錢，收益豐碩。聽説後來這位聯隊長因此貪污而受罰。

　　因爲大鵬哥愛成天打籃球，爸爸從來就沒有鼓勵他去考大學，**大鵬念完高中就進了空軍官校**。媽媽説，爸爸覺得他們家培養出一個軍人，一個上大學的，一文一武，正好。

　　"*正好*什麼？"少鵬居然想跟媽媽頂嘴。

　　"要是送兩個上大學，我們家的錢就不夠用了。"

　　媽媽很簡明地解説，可是少鵬從來沒有想到他們的未來是這樣決定的。

　　"媽，你的陪嫁都沒有剩多少了吧？"

　　"你怎麼知道我們在靠賣我的陪嫁過日子？"

　　"你説過，你那幾隻雙料的皮箱是唯一剩下的陪嫁。我們都知道你有時候在賣你的金戒指。"

　　"現在都沒有啦，全都賣光啦——"

　　媽媽亮出她光光的手指，還説：

　　"你爸爸升級調來岡山的時候，我們剛賣掉了我最後一個戒指。"

　　傅少鵬抓著他媽媽光光的手，説不出話來。

　　後來在台中東海大學時，傅少鵬要做*工讀生*，賺些錢減少家裏的負擔。管*工讀生*的*勞作室*主任説：

　　"你爸爸是做官的，你不合格。"

　　傅少鵬一急，就冒出一大堆話來：

　　"主任，新生訓練的時候，校長不是說過：我們*東海*不是貴族學校，我們要培養每個學生會*自力更生*。所以才有*勞作室*，帶動學生們自己清理宿舍和校園，我們還有*工讀生* 制度。"

　　這話終於說得*勞作室* 主任不得不教他如何幹粗活，*自力更生*。

　　傅少鵬時常為他哥介紹一些書閱讀。有次哥哥要他去借*戰國策* 給他看，傅少鵬鼓動他們的助教幫忙借，這樣可以借得久些。助教說：

　　"他是軍人呀？何必不去讀*文星雜志*？那裏有*中西文化論戰* 的文章，很精彩.... "

　　但傅少鵬還是說服了助教借*戰國策* 給哥哥。

　　到大二的時候，大鵬哥調到台中附近飛行，他們兩兄弟見面的機會大增。哥哥總是約了少鵬周末到台中吃館子。每次都是哥哥請客，付完錢他還從口袋裏多抽出一張 50 元 的鈔票給少鵬，然後一起去看電影，這麼才分手。哥哥差不多每個月都這麼約他一次，少鵬覺得是他哥怕他學校伙食不好，特別這麼安排的。

　　日子久了，少鵬習以爲常，直到有一天，他在館子門口等他的哥哥，老遠見到兩個騎單車的，一男一女，都帶著太陽眼鏡，把座位拉得高高的，他們忽地從少鵬身邊一衝而過。就那時，那男的一刹車停下來，那竟是大鵬哥！他身邊那位女騎士也停下來，摘下太陽眼鏡，滿面笑容地看著他。

　　"曉倩，這是我們家的書生，傅少鵬！"

　　飯間大家談笑風生，和樂得很。但少鵬覺得不該夾在這兒就說，他今晚得趕回去準備大考。大鵬望著曉倩笑笑說：

　　"那我們怎麼辦？我教你去跳*探戈*好了？"

　　大鵬很快就帶了曉倩離去。少鵬在後面看著二人飛車在人群中，逐漸消失。

　　傅少鵬大學畢業後，他一當完了預備軍官就忙著辦出國。哪知辦到區公所就擱淺了，原因只是承辦人要收點賄金才肯辦。這是少鵬生平第一次面臨這樣的阻擾，他一氣就回家，問他媽媽：

"難道要出國就一定要我屈服嗎？"他媽冷靜地笑笑
說：

"這種卡関的小鬼我見多了，他們一定沒有讀過*紅樓
夢*，這種誘人行賄和收刮賄金的將來不得好收場的（注釋
八）。明天我幫你去辦！"

少鵬從來沒有見過他媽媽那嫉惡如仇的一面，一定是跟
他爸爸學的。第二天早，媽媽出門不到半天就回來了，她只跟
少鵬說：

"他們科長很客氣，是空軍三期退役下來的。一談就説
通了。"

出國手續辦妥後，傅少鵬深情地跟他爸爸媽媽說：

"我出國了，我一定要在國外*實實在在地*學成點東西，
不讓家裏失望。"

領空與視野

四‧

台海空戰又挑起

兩分鐘的空戰

　　傅少鵬記得那天是 1967 年的一月十四日。他一如往常，八點鐘不到就到教室跟美國同學討論做習題。他們幾個同學都打算在一月底參加博士預試。幾位有志一同的研究生都每天早晨見面，把每門課的習題弄通，然後才去上課。下午和晚上都是溫課時間。

　　那天吃中飯的時候情況就有點不一樣。起先是有位中國同學來恭喜傅少鵬：

　　"嗨，傅大鵬是你的哥哥吧？他上報了，他是個*空戰英雄*！"

　　"什麼*空戰英雄*呀？你怎麼知道傅大鵬是我的哥哥？"

　　"怎麼不是呢？你叫傅少鵬，又是*空軍子弟小學*畢業的，怎麼不是傅大鵬的弟弟？"

　　那人領傅少鵬去圖書館，找到*中央日報*一看，上面清清楚楚地寫著：

> *海峽又起空戰*
> *傅大鵬 史斌斌 二英雄安全返防*

　　傅少鵬本來以爲他的生活就是出國後*實實在在地學成點東西*；現在情況好像有些改變了。剛來美國的時侯，他不認得任何人，也沒有任何人認識他，多麼自在！現在呢？那個*自在*的感覺沒有了。不論如何，他覺得一定要跟家裏打個電話，問候一下。

　　這時候打*越洋電話*？談何容易呀？但是他還是去*學生中心*收費小姐那裏換了十元半美金的硬幣。回到宿舍，空無一人，太好了！他就在走廊上找到一個收費電話，然後照規矩地在電話裏找到接綫生，説是他要打電話去*中華民國*....接綫生呆了好一會才説：

"對不起，先生，我接不到*中華民國*，我這裏只有*台灣*。"

傅少鵬突然感到强烈的失望，居然，他們這忠實的反共夥伴把*中華民國*的國號給改了。他又呆了好一會，才説：

"OK，*台灣*。"

傅少鵬數了 42 個硬幣，一個個地塞進收費電話機裏。突然，對方説話了：

"少鵬，是你呀？"那是他媽媽的聲音，還帶著她的杭州口音....

"媽—— 哥哥好嗎？"

又是呆了一陣（大概是媽媽太激動了，沒法回答。）忽地聲音變了，是他爸爸：

"少鵬啊? 你哥哥還在*清泉崗*，明天會回來...."

再下面就是雜音，聽不清楚了，少鵬只有挂了電話‧一元半美金對當時的留學生几乎是一個月的零用錢，有的同學根本不花零用錢，*但是少鵬覺得聽到爸爸媽媽的聲音已經夠滿足了*。離開台灣都一年半了，這是第一次聽到爸媽的聲音，他們都沒有變。哥哥的事不是在電話裏可以説清楚的，空戰一定有機密，是不能不顧的。大概，要等到哪天他回家才弄得清楚。

沒想到，第一次*回家*竟然是少鵬離開台灣八年後的事，（就像*抗戰*那麼久！）。那時少鵬不但帶了嬌妻、幼女，還修成了個博士，沒有讓家人失望。在松山機場是大團圓，好不熱鬧！最重要的是見到少鵬的英雄哥哥，他已經是空軍中校了，豪邁挺拔，還有位年輕貌美的曉倩嫂。他們回家安頓妥當後，哥哥就急著要安排一大家人出去，飲宴敘舊。

那天臨出門，少鵬看到哥哥、嫂嫂都換上了新的洋裝；哥哥穿的是一件棗紅色的西服上裝，他説：

"政府現在還是提倡節約，我們平常不亂花錢，有大事兒的時候也得有穿的。"

　　哥哥的四川話已經跟著嫂嫂變成京片子了；少鵬和他妻，安安，説話還是四川口音。少鵬穿的還是學生型的西服，安安穿的是她自己學著做的洋裝—— 一件連衣裙。到了西餐所套房裏，哥哥要曉倩嫂給少鵬一卷剪下來的報紙，他説：

　　"這是所有能夠公開的報告，你回去再細讀吧。"

　　那天他們一家人在台北，大家痛快地歡宴敘舊；媽媽還激動地告訴少鵬説：

　　"凱文大舅在一一三*空戰*，也就是 1967 年，一月十三號的下午，他來了一通電話，可叫我急壞了。"

　　"對了，那時候他是*戰管中心*的主任，對吧？" 少鵬問。

　　"對啦，他來電話，只説：*大鵬回來了，沒事兒....* 電話就挂了。我聽了一頭霧水，馬上打電話去問你爸爸。這電話是他參謀接的，説是你爸爸正在國防部開會，我就沒有辦法了...."

　　"你要是找到大鵬，他也不會跟你明説。" 爸爸看著大家，得意地笑笑。

　　"我又打電話去找你嫂嫂...." 少鵬的媽對他説。

　　"媽，我還不是急的很，因爲我在上班，同事聽了收音機跟我説：*飛機相打。* 我猜得出是發生了什麼事，我們馬上去看電視，但看不到空戰消息，又不敢打電話去隊上問...."

　　"你的嫂嫂真冷靜，我打電話去問，她也沒有消息，還勸我別着急，她會去查...." 少鵬媽媽跟著補充。

　　大鵬還是露了一句説：

　　"我半夜回家，你曉倩嫂都快崩潰了...."

　　"我爸爸以前帶兵打鬼子的時候，從來不許婦人家過問軍事。" 曉倩嫂馬上跟著説明，少鵬接著説：

　　"好啦，讓我來恭喜你們，祝你們今後再也沒有擔心的事發生，一家人平安健康！"

　　哥哥不喜歡聽婆婆媽媽的話，就沒有接腔。可是，少鵬心中仍在納悶：這空戰難道還有細節沒有公佈嗎？一回到家，少鵬馬上把剪報一一看過，當天空戰的情形非常複雜，他還得花時間來解讀。

　　空戰打完，負責指揮的*石門戰管中心*主任、作戰科長、作戰官還不知道自己是會被獎勵還是處罰。因為在美方的壓力下，我方戰機通常避免飛入大陸領空，因爲中共與美國在*華沙會議*的默契是：

> *中共戰機不飛出海岸廿浬；*
> *台灣戰機不接近大陸廿浬。*

　　事實上，一一三空戰時，台海空域已經久不見烽煙，由於四架 F-104G 戰鬥機不但打了空戰，還飛進了大陸空域。這立即引發中美雙方高層的強烈責問，戰況簡報一直研判到第二天凌晨二點才確定：*一一三空戰是中共梅縣地面戰管導引錯誤。*

為什麼一一三 *空戰* 變成 *羅生門*(注釋十)？

　　官方發佈的一一三*空戰* 新聞中，壓根就沒有提到：出任務的四架戰鬥機裏面失蹤了一架三號機，反而把另外一架 RF-104G 偵察機的飛行員放進來湊成四個人招待記者，接受全台軍民的熱烈崇敬。總統召見他們，慰勉有加。後來，空軍總司令親自到清泉崗對飛行員講話，暗示大家要保持低調。從此在空軍裡起了不曾停歇的耳語...

　　三號機飛行員的太太是在*美軍顧問團* 上班，她對於空軍掩蓋丈夫殉職的真相非常生氣，她不但從台北趕到清泉崗要找長官理論，甚至還揚言要向外國記者放話。清泉崗的聯隊長沒法安撫她，直到空軍總司令親自安排與她私下會面，他除了保證對她先生的褒揚與對家屬的撫卹金不會打折扣，還爲她播放當天的戰管通話錄音帶，確定她先生是在空戰後喊出*哎呀* 一聲才失蹤。她當場泣不成聲，不再追究。

　　這場空戰的四號機飛行員就是傅少鵬的老友，史斌斌。儘管他有*擊落敵機* 的戰績，但是他在 1972 年還是選擇離開了空軍，官階只是少校分隊長。或許是因為*誤擊隊友* *三號機*的傳聞困擾著他，也或許是他那不馴的個性，總覺得有口難辯。他退役后並沒有轉入民航公司，去民間賺錢，反而在孟加拉、美國等地經商多年。馬英九總統時代台灣天空開放，民航機師需求大增，史斌斌這才回到台灣，加入復興航空公司。

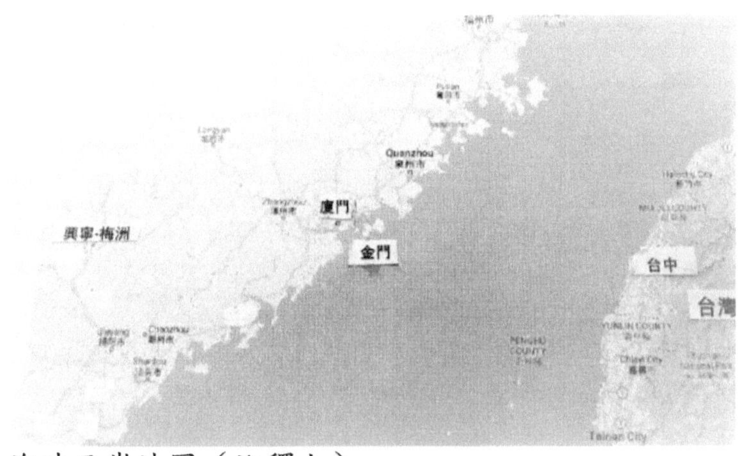

海峽兩岸地圖（注釋九）

而來自大陸方面的故事，情節完全不一樣（注釋十）：

共軍宣稱當天是解放軍空軍第二十四航空師的四架米格-19 起飛迎擊，在距離大約五、六公里（一公里大約是 0.6 哩）時目視 F-104 機群，在雙方對頭接近下，飛行員胡壽根迎面開砲，將 F-104 擊落墜海。胡壽根說：自己事後還看到打撈起來的部分殘骸與遺體。三十多年後，胡壽根還是強調，當初的四位飛行員都還健在，而且都有聯絡，足證所言不虛。

不過中共發佈的胡壽根與同僚檢視照相槍的底片，身後的飛機卻是殲五（米格-17）而非殲六（米格-19）！另外，在雙方面對面接近時，根據兩種飛機的性能與操作模式，相對速度大約是音速的 2.5 倍，每秒將近 800 公尺，也就是說，從目視 F-104 到*碰撞*，只需要 7 秒鐘的時間。在不到七秒鐘之內，就能駕駛飛機對上近乎迎面而來的敵機，並且計算彈道，開砲將敵機擊落。這說法在台空軍是無法接受。

中共還發佈：

在此同時，我軍在廣東興寧機場還有四架殲六型飛機起飛上空巡邏，起飛時其中一架失事，墜落在廣東梅縣地帶，離福建晉江尚差三百公里，墜落時這邊的戰鬥已經結束。被台灣飛機擊落一說純屬謠傳…

一一三空戰真相混沌（注釋十一），但兩岸對於戰果和損失，仍然各有版本，台方宣布擊落米格十九兩架，戰果是 2：0；但中共方面卻宣稱（注釋十一）擊落一架 F-104，戰果是 0：1。究竟誰說了謊話？

兩軍對峙，各為其主，為了鼓勵士氣，誇大戰功而匿報本身損失，這原為古今中外屢見不鮮的通病。一一三空戰早已走入歷史，是非功過原本無須再提，但是空戰英雄之一的四號機飛行員，史斌斌，一直背負了可能將自己人擊落的道德批判，有關方面也從不在戰報以外提出新資料。*聯合報*記者曾經訪問過當時的清泉崗第三聯隊隊長，空戰英雄二號機的夫人，以及當年的石門戰管中心主任、作戰科長、作戰官。中共方面，則委由江西省萍鄉市委對台辦人員，專程赴南昌面訪因一一三空戰而獲頒一等功的前米格-19 飛行員，將往事扼要摘錄，寫成*有關情況*的筆記，送達*聯合報*記者手中。

這麼多年裏，美軍對一一三空戰 戰績也作過調查，因為這是米格-19 第一次被 F-104 擊落。他們到清泉崗訪問過，公諸於世的戰績是：1：1。（注釋十二）

所以，大家不斷地編故事，一一三空戰的真相當然被塵封了。

*****

多少年後，傅少鵬開始瞭解：當時大陸不願擴大一一三空戰是因為文革開始了，并且解放軍開始介入文革，支持紅衛兵，當政的要把全國的注意力集中在國內，不要分散到海峽兩岸。

　　美國不願擴大台海的糾紛是因爲詹森總統要擴大越戰，但卻面臨日益沸騰的國內反戰運動。何況美國知道中共已經有了原子彈，很可能下一步就是試爆氫彈（**注釋十三**），美國不想另外樹敵。

　　台灣沒有能力把事情鬧大，是因爲美國早已經答應中共阻止蔣介石*反攻大陸*。事實上，台灣的軍備與調度是受美國控制，所以只能保持現狀，如是美軍就長期伴著台灣，這就是台灣的勝利。

不勝唏噓

　　少鵬跟他的哥哥最後見面是在楓葉飄落的秋天。哥哥扯著他那有滑輪的旅行袋到波士頓來了。一一三*空戰*後六年來，哥哥一直在跟他的喉癌抗爭，他的英雄氣概逐漸被奪掉了。那次的旅行是他幾經爭取才得到的機會，是空軍總部派他出席在葡萄牙舉行的一個國際會議，他一人拖著簡單的旅行袋不忌繁瑣地飛到里斯本。開會後回台灣，他特別取道經過波士頓。少鵬不敢相信，但是他猜：哥哥是特意要這麼來看他們。

　　他記得，在上大一的時候，寒假回家時，媽媽跟他說：
　"你哥要去飛 F-104 了。"
　少鵬聽了一會才想明白，就說：
　"哇，了不起，他被挑選去飛超音速的戰機...."
　"你知道什麼哦？這飛機翅膀小，時常出事。"
　少鵬聽了看著媽，無言以對.... 媽又說：
　"昨晚我還做了一個噩夢。夢到你哥被惡整，他那大個子在掙扎，他是在毫不屈服地掙扎.... "

　　事實上，哥哥的病確實帶來了全家人的噩夢。他在一一三*空戰*後得了喉癌，強烈的化療把他的身體拖垮了。他離開了清泉崗基地，被調到台北總部上班，就便他可以去*三軍總醫院*治療。全家人的活動都調整了，都以哥哥的起居為中心。有一天，曉倩嫂買了一只烏龜，她帶烏龜到*台北橋*下放生，還殷殷許願祈福。
　　少鵬的媽是從開始就不能接受大鵬得了癌症，直到他化療後體力慢慢恢復過來，一家人才重得歡笑。

　　那晚，哥哥到了波士頓，少鵬一家人請他到洋館子吃晚飯，他不經心地挑了一個正宗的牛排館子。哥哥一口的假牙是沒法咬那牛排，他只用叉子挑了些洋芋泥放在口裏，讓它化去....
少鵬馬上說：

「對不起哥，我早該想到的：我們這邊開了家中國館子，他們的肉絲麵好吃得很。」

大家匆匆地把沒有吃完的牛排打包帶走，又去中國館子坐下，這才見哥哥舒舒服服地吃了一頓飯。

飯後，哥哥還談了好些小時候的事。說到大鵬爲了少鵬的童子軍服跟同學打了一架，哥哥說：

「你知道，媽媽後來做衣服做得帥極了，我高中的制服都是她特別做的....」

「所以，才有女孩子一天到晚在我們家後門叫你....」
說得讓安安聽得一愣一愣的。

第二天，少鵬跟妻小帶著哥哥到康可鎮去看美國獨立戰爭的戰場。他們看到美國人笑英國戰士的墓碑（注釋十四），他們踏著飄零的楓葉，瞭望著古戰壕。少鵬建議走上山坡，去看獨立戰爭的紀念博物館。哥哥走得有些喘氣，他們在路邊的長凳坐下了。

大鵬哥從他膀子上的小口袋裏抽出一隻香烟，還帥勁十足地拿出打火機來。少鵬說：

「哥, 這幾年美國在提倡全國戒烟。」

「沒關係，抽根烟死不了的！」 他打趣地看看少鵬，繼續點他的烟....

少鵬看著他，鼓起了勇氣，伸手把香烟從他哥的嘴裏抽出來，低頭說：

「哥，對不起。」

哥哥沉默了。沒一會，他看看四周，突然，他興奮地指指前面的木橋說：

「走，少鵬，咱們跨過這木橋，衝上山坡。你跟我去攻下這最後的山頭！」

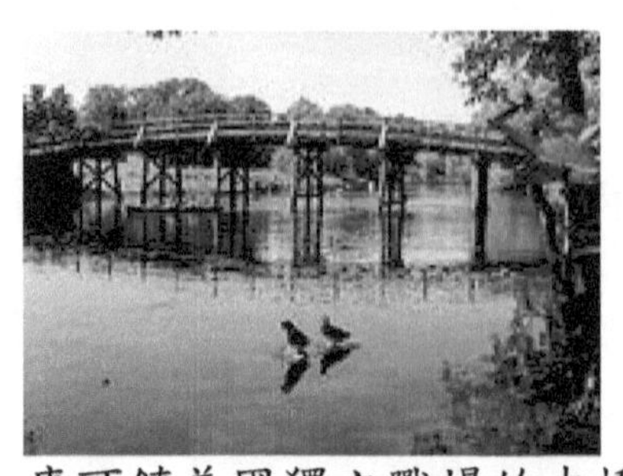

康可鎮美國獨立戰場的木橋。

六年後少鵬知道，他們最後攻下的山頭還在，卻沒有能保佑著哥哥。他過世了，是在家人愛顧下離開的，留下了無盡的長空，是他跟爸賣了命也要保護的長空。少鵬從美國飛回家參加他大鵬哥的葬禮。

卓然爸換上了傳統的中國長袍，莊嚴地主持一個白髮送黑髮的葬礼。卓然爸跟來追悼的總司令和各級長官握手，他還起勁地和哥哥的戰友們一起照相。少鵬在人群中看見凱文大舅，他穿的是便服，看來是退休了。大舅一眼認出少鵬，跟他握手說：

"少鵬，你回來啦！有空來我們家坐坐呀。"少鵬很高興，囘到台灣還有親戚認得他，心中感到一股暖流。

在公祭的時候傅少鵬有機會說話，他故作輕鬆地說：

"各位長官，各位英雄和嘉賓：昨晚我才從美國回來，有些洋習慣一時改不過來。各位，請容我在這時候說個我哥哥生平的小故事，希望他能活生生地留在各位的記憶裏。有一次，我跟哥哥上學，我的同學取玩笑我的*童子軍服*，那是我媽為我縫的第一件衣服。那時候哪有縫紉機呀？都是我媽找了幾塊布頭照著哥哥的*童子軍服*用手拼湊出來的，樣子有點怪。學校裏哥哥的同學老遠看到我們就在笑，哥哥過去就是一人給了一拳。訓導主任聽到打架，馬上跑來抓了我們兩兄弟罰站...."

哥哥的哥兒們聽了個個帶勁兒地點頭說：

"大個兒就是那樣！"

　　公祭完了後，卓然帶了一家人去了*新店碧潭空軍烈士公墓*。他們見著哥哥的棺木緩緩地降進墓穴。小喇叭手出列，為哥哥單獨地吹出熄燈號。在風裏，軍號聲淒厲，孩子們吃不消，都圍著曉倩嫂抽泣....

　　最後，一切歸於沉靜。儀仗隊把哥哥棺木上的國旗交給曉倩嫂，她漣漣落淚。長官和哥哥的哥兒們都一一來祝福家人，道別，離去…

　　卓然爸仍舊莊嚴地站在那裏憑吊著。良久后，他對少鵬說，要他叫計程車把嫂嫂和孩子們送回家。最後，少鵬陪著他爸回到爸爸的公寓。那時已經天黑了，少鵬要陪他爸過夜，爸爸不同意，他说：

　　"記得你們小時候，要是你們打擺子了，我是怎麼要你們吃奎寧丸的？"

　　"我記得，爸爸是要我們咬碎了奎寧丸，空口吞下去，再喝水。"

　　"對，這才是好漢！"

　　爸爸扭亮了燈，少鵬四周一望，看見了他爺爺和奶奶的靈位，還有少鵬媽媽的遺照，都五年了，她還是慈愛地笑著看他。少鵬說：

　　"爸爸，我要跟爺爺奶奶和媽媽行禮。"

　　少鵬誠下心來，對他們一一行了三鞠躬。爸爸照規矩回了禮，還說：

　　"記著，等中國太平了，你要把我們的靈位運回老家安放。"少鵬聽了點點頭說：

　　"爸爸，我會有這一天的。"

　　爸爸摸摸少鵬的頭，就要跟少鵬說再見了。少鵬想起來一件事就問：

　　"爸爸，哥哥到美國來看我們的時候，好像他并不覺得打下大陸的米格機是什麼光榮事 ...."

　　"我知道，我們打日本飛機是抵抗外辱；你哥哥的空戰就不一樣了，這事要留給你們年輕人去瞭解*為什麼*？共產黨是不能信；但是這麼打下去也不是辦法。"

　　少鵬沒敢再問下去，就告別了…

那晚，少鵬不知去哪裏吃晚飯，只覺得心裏有太多的激蕩，一個人沒法坐下來。他想起了凱文大舅，少鵬身上的小黑本子幫他找到了舅舅。少鵬執意要舅舅出來喝酒。

他們在敦化南路的 TGIFriday 坐下，凱文大舅問了少鵬好些美國的近況，少鵬作答時發現他舅舅說的英文有美國的南方口音，很流利，就說：

"大舅，從你去美國學飛到現在差不多有五十多年了吧？你的英文一直在用，是吧？說得好漂亮！"

"我是第二次*淞滬戰爭*的時候進高中的，上的是日本學校。1943 年跑到大後方加入空軍，馬上就被送到美國去學飛。一到那兒教官們就要我做翻譯，說是他們聽得懂我說的英文。到了抗戰勝利了，他們不放我回家，說是我飛得好，要把我留下來。我不幹，我問他們：

'中國不打仗了，為什麼不讓我回去？' 他們說：
'不打仗了？你去問問俄國人讓不讓中國安寧？我們看你飛得好，要你去*雷鳥基地 飛噴氣機*。'"

"那麼早就有*噴氣機*了？"少鵬問。
"我聽不懂他們說的理由，就打報告回國，美國人才放我...."

"然後一回國，出任務就被共產黨打下來了，是吧？"少鵬故意惹大舅一下。
"呃，你怎麼知道的？"
"我媽在杭州的時候就告訴我的!"
凱文大舅沉默了一下，他說：
"哇，那你的記性很好！"他望望少鵬說：
"那我告訴你一件——三空戰的事，你可以去找史斌斌說....你認得史斌斌，對吧？"
"當然，但是你怎麼知道的？"
"你們兩家剛到台灣的時候不是住在一起嗎？有一天我來找我大姐，看到你們在一起玩，對吧？"
"OK，怎麼樣？"

“你告訴他：他那次一一三空戰 是我給他導航的，他并沒有打下自己的 F-104G！“

“何以見得？他一直怕別人問他這問題。“

“他忘記了，他有*敵我識別器*，怎麼會讓他鎖住自己的友機呢？“

“所以，他根本不可能開槍擊落自己人的飛機。“

我笑傻了，難道史斌斌這幾年不知道為自己辯駁嗎？凱文大舅喝了一口酒説：

“少鵬，我再告訴你一件蠢事，媒體都沒有發現。“

“大舅，爲什麼你今天對我説這些？“

“你哥哥過世了；我的大姐也走了；我不想囘杭州，因爲我們*趙府筆莊* 被公私合營 掉了，我們的祖傳家業變成一無所有。我在空軍也沒有什麼混頭，因爲我是被共產黨俘虜過的，上面不會相信我的 .... 今天的事，有什麼不能説呀？我知道一件蠢事，不告訴你，告訴誰呀？“

“好，什麼蠢事？“

“你知道，一一三空戰 的時候我是負責戰管室，你哥哥打下米格-19 之前在幹什麼？“

“在趕緊飛去保護 RF-104G 偵察機，對吧？“

“不完全對。你再想想看：從清泉崗到金門，F-104 要飛多久？“

“以前螺旋槳飛機要飛八分鐘，F-104 大概要五分鐘 ....”

“差不多。但是那天公開的記錄是：

12：40 從清泉崗跑道頭緊急起飛；
13：07 長機和 2 號僚機辨認遇到米格-19.... “

我驚叫起來：

“哦，他們至少有 20 分鐘的空擋 ....他們去哪裏了？大舅？“

“他們在掩護自己的 U-2 偵察机從大陸出來。因爲 U-2 飛去了*羅布泊*，收集了一個禮拜前核武爆炸的輻射塵（注釋十三），美國的 CIA 一定要分析那些輻射塵，所以才命令我們的

F-104G 戰鬥機開火，不讓米格機來阻擾 U-2 從南寧回台灣....
"

　　"凱文舅，你這說的是很大一囘事呀！"
　　"當然是很大囘事。這幾個飛行員回到清泉崗基地的時候，聯隊長親自在跑道頭接他們。聯隊長還說：

　　'今天接 U-2 的事是絕對機密；違背者軍法處分，聽到沒有？'
　　'聯隊長，那我發射*響尾蛇飛彈* 趕走了米格-19 也不能說了？'史斌斌焦急地問。
　　'不能說！'
　　三位飛官異口同聲地接著說：
　　'是！'

這下懂了吧？"
凱文舅看少鵬還愣在那裏，又加了一句：
　　"在越戰期間，我們*戰管中心* 跟美軍不但直接有連綫，而且*戰管中心* 隔壁就是 CIA 的代表。有情況，美軍*特戰組* 馬上插入指揮。這連綫一直到 1968 年才結束...."

　　那晚，他們還聊了很多他們戰管中心的故事，一直聊到半夜。

*****

　　第二天，傅少鵬趕回美國，繼續作他那沒有完成的 IC 設計。無意中，想到那凱文大舅告訴他的機密，同時，他又想到他曾經在*電吉多* 為公司設計 IC，做成第一代的*微電腦*。他們一天到晚講求保守秘密，生怕*摩托羅拉* 知道了來趕上他們。而今天，他卻在*摩托羅拉* 做主任，專管*網際網路 IC* 的設計，現在*摩托羅拉* 跟*電吉多* 聯手，要向*網際網路* 進軍，他們是敵是友只有他們的老闆可以說得清。

他發現：*他們其實都是在同一個系統裏面，相互公平競爭，以求精進。*

*****

又是六年後，傅少鵬又回到台灣，是參加他爸爸的葬禮，傅少鵬漏夜為爸爸寫追思文。心神困乏，不知所云，只記得他寫的是：

我爸爸要我們從小成長為好漢；現代人的家教不知還有沒有這一條？

五·

八破故事期同心

遺忘症候三十年

　　三十年來，傅少鵬在美國打定主意只在科技上努力。他並不是故意忘記給他哥哥的承諾，實在是兩岸的事叫人抓不著頭緒，他無法着手。這幾年，起先是台湾解除了*戒严令*，老百姓開始可以去大陆探亲了。然後是經國總統去世，李登輝接任，於是蔣家在政治上的接遞方式正式結束。在那時代，這并不表示台灣會*回歸大陸*，或是，*兩岸統一*。

　　就那時，*台商登陸*，去大陸開闢市場，建工廠。爲了鼓動大陸*改革開放*後充分發揮勞力和智力，台商們不斷地投資，去製造汽車零件、電子組件。李登輝剛開始做總統的時候，曾經在*三軍球場*談過他的兩岸政策，他是鼓勵一*中政策*。但走到這一步田地，他不能不喊*卡*了！因爲下面一步當然要解決政治問題，那不就是要面臨*國共和談*了嗎？

　　曾幾何時，大陸的經濟成長已經超過了台灣，台商還是不斷地協助大陸提升。例如電子工業，大陸沒有集成綫路（或稱 IC）的時候，台商就在上海附近建了晶片的實驗室，製造精密的電阻，電容；大陸想做 *PC 板子*的時候，台商就設廠制造電腦 IC；大陸想做 *BB 机*的時候，台商就蓋了*清净室*，製造世上最有競爭力的手機。大陸想建設*不良率*極低的 IC 工廠，台商乾脆就把整本的製造程序帶進大陸的工廠....爲什麼？除了台商發現大陸的商機多之外，大都是以前沒有到過大陸的台灣*本地*人，他們在*小三通*時急于去大陸*認主歸宗*，然後發現在大陸寫字、説話、看書跟台灣幾乎都一樣，一種*游子返鄉*的情操油然而生，都自動地用自己的知識和財力來投產。

　　有幾年，台灣是國民黨主政，陸客蜂擁到台，他們馬上發現台灣風土人情之美，陸客們喊出：

　　兩千萬人能，
　　爲什麼十二億人不能？

這些都匯聚成*改革開放*後期建國、通商的正能量。

　　傅少鵬記得：那次他哥哥到波士頓來看他們的時候，他們聊了一晚，在他臨上飛機回台灣時他突然問少鵬：
　　"你會去大陸談生意嗎？"
　　少鵬看著他，奇怪這位*忠黨愛國*的戰士怎麼會關心這個問題？
　　少鵬點點頭。
　　"幫我去找那位被我打下來的飛行員，大概只能找到他的墓地了。我要你幫我去跟他的家屬道歉，行嗎？"
　　"我會的，哥！"
　　他們兄弟握手為信。

　　時間過得很快；傅少鵬的確去過大陸，也回過台灣。但是，少鵬答應他哥哥的話是毫無進展。

*****

　　傅少鵬有個表弟名叫趙思明，是他三舅舅的兒子。少鵬2010年去大陸旅游時發現了他。那次很湊巧，少鵬隨美國休士頓的朋友去北京和山東游覽，臨行他寫信問曉倩嫂，跟她請教她們山東老家的景點，曉倩嫂突然問：
　　"你會不會去杭州？你三阿姨說她剛囘了杭州，才知道你三舅舅的兒子，趙思明，已經移民去澳洲了。所以我跟他要到了一大串你媽媽老家親戚的聯絡網。跟趙思明打電話吧！你們從美國打電話到澳洲比我們從台灣打去方便些。"
　　少鵬跟曉倩嫂要電話號碼，但是試了好幾次，總找不到趙思明。

到了 2016 年的一天，傅少鵬接到一個陌生人的電話，他沒敢接。後來又收到那人的伊美爾，少鵬仔細地看了才知道這就是趙思明。原來，趙思明已經搬到美國落腳了。他們剛開始交流是透過伊美爾，他們都很小心，不敢隨意亮底。後來他們通了幾次電話，少鵬才確信這趙思明就是他三舅舅的兒子，這樣才大開話題。有一次少鵬問趙思明：

你父親在*趙府筆莊* 旁邊開了一家無綫電行那是以前我是常去的地方，算起來是 1947 年的事了。那年，我跟我媽勝利還鄉。你爸媽正好是那年結婚的，我在杭州，好像沒有參加你爸媽的婚禮。看到你寄來的照片，赫然又見到了三*舅舅*。我兒長得跟你爸像極了。哪天我把你爸媽的結婚照寄給我兒和他的姐姐，讓他們猜這個謎。

趙思明的回信跟傅少鵬一樣的興奮説：

我這个愛好工作的习惯也是跟我父亲学的，所以现在一般家里的維護和修补都是我自己做的，其实现在做点事情真的很有自豪感。

又有一次，少鵬想起來了就問：

記得我外婆有一次托人轉信到台灣說：*她每天只能吃得半飽*。那時大約在 1960 年前。我把這事告訴了我的大學老師。那老師是洋人，據他説在大躍進后大陸情況很不好。那時你剛生，後來就好了嗎？

趙思明很坦誠地解説：

從 58 年到 60 年在大陆称之为*三年自然灾害*，其实是政府的政策出了大问題。
剛開始，大家都可以免費吃饭（叫做大锅饭），集体一起劳动（不計工作量）。中国是一个农业大国，农民占全人口的 70%，不计工作量（用工分）的劳动最后就是

出人不出力，没有自我奋斗的积极性，粮食减产，最后還把种子粮都吃了，结果是可想而知的。後來糧食不夠了，人人挨餓。当时我虽然小，家里人都先照顾我；我母亲挨饿最厉害，她把省下来粮食给我父亲和我哥、我姐吃，同时还要给我喂奶。那时候的照片她简直瘦了一大圈。我父亲就去找人买高价的鸡蛋（￥0.50 一个鸡蛋）给我母亲补充营养，大家每天吃半饱是很正常的事情。在其他地区（河南最严重）连树皮都被吃光了，还饿死很多人。大跃进时把所有的钢铁之類都捐出去*大燥钢*了，连家里的铁门也拆了，炼出来的都是一个个铁坨坨，根本没有用。后来，刘少奇和邓小平的农村政策出台了（口號是*包产到户，多劳多得*），这才慢慢地把农村的问题解决了，市场上的货物也慢慢地多起来了。
好了没有多久就开始*文化大革命*（1966 年），这次的悲剧就更大了，受到伤害的人更多，时间上也是最长的一次。特别在文化大革命时期，父亲在外不能多说话，因爲家裏面奸細很多，那個叫阿敏的夥計就是一個。我父親回到家里就小声的对我们说話。所以从小我們就感到自己是*趙氏笔莊* 的后人，很自豪。

有天，趙思明急著告訴傅少鵬說：

今天我要叙述一件事情是关于我大伯（也就是少鵬的*凱文大舅*）在他离开杭州时给了我父亲一把手枪和几发子弹，49 年共产党进城后就要求在限定时间内*自觉上缴武器*，我父亲就按照要求去上缴了那把手枪和子弹。还好，他留下了一张*上缴收条*。文革 期间有人追问那把手枪的事情，这可把我父亲给急坏了，因为时间长了而且搬过几次家，不知道那收條放哪里去了。要是找不出那张收条的话，那可是*人命关天* 的大事。（注釋 十五。P.367.*小四清，大四清*）
白天我們还不敢大张旗鼓的找，只能在晚上全家悄悄地到处找。上天有眼，我们终于找到那张性命交关的收条。当时我看到我父亲的神色，就像跑完马拉松一样，癱坐在那里，一动不动地手里紧握着上缴收条。这种表情深深地刻在了我的脑海里。

傅少鵬想起來一件事，他問趙思明：

我不敢說我那次回杭州所聽到的沒有偏差，也可能是我記錯了。今天我翻出我寫的游記《悠游》，發現四年前出版這書時的記錄跟你最近說的不一樣（注釋十六）。可見你說的*我們要把那段失去的历史修复完整，还原这段艰难历史的真相*是件有必要花時費神的工作。

趙思明的回信說：

艰苦的日子会锻炼人的意志和毅力。记得 '66 年我哥刚毕业，那时候*文革运动* 已经开始了，学校里基本上停课了，学生们可以免费坐任何交通工具去北京。那时我哥和另外几个同学，還有我家的邻居，一起去北京玩。回来后就得了*甲型肝炎*，在家休养了好长一段时间。因为他生病，所以他很*幸运*，没有被安排到外地去劳动。但是 67 年我姐毕业时就没有那么幸运 了，学校安排她去吉林延边插队落户做农民。我父亲不想让她去，当时她才 18 岁，可是学校联系我父亲上班的工厂，厂里的*造反派* 给我父亲下命令，说是*如果我姐不去农村的话，我父亲的工资就停發*，没有工资收入的话我们家五口人该怎么活呀，所以我姐就去了吉林延边做了 10 年农民。

少鵬回信說：

你说的有很深刻的情節：

> *学生们可以免费坐任何交通工具去北京。那时我哥和另外几个同学，還有我家的邻居，一起去北京玩....*

這叫我想起一個童話故事---*木偶奇遇記*，其中有一段說
是：皮諾求自小得木匠爸爸的厚愛，有一顆善良的心；
但是有一天上學，路上被人拐去一個*樂園*，回來就變了
一個人，處處使壞…
在波士頓有一些大陸出來的跟台灣出來的接為朋友，談
到文革 這些人都簡捷地說*共產黨不能信*。在唱卡拉 OK
的時候，他們常說：*你們要唱他們的歌，我就不來了。*

有一點我必須問你：你的大姑、大伯、三姑都到了台
灣，他們的故事很多，但最重要的是大家都念你們，尤
其擔心的是：你的大姑爹和大伯都在空軍工作，他們這
身份有沒有給你們帶來了不幸？

趙思明馬上回信說：

你们家过去的事情我父亲以前经常和我们说起，至于后
来所引发的很多麻烦之事，不能說是你们的离开所造成
的，而是因为政治家的分歧和争斗所造成的历史悲剧，
是我们这些平头百姓无法掌控的。所以从我们内心来
说，从来没有感到是你们的离开带来我们的麻烦；反而
在那些艰难时期总是惦念你们，庆幸你们离开了，沒有
和我们一样受到很多次的政治运动的冲击。
这也是为何后来*改革开放* 后我父亲坚持要把我先送出来
的主要原因，他不想让下一代再经历这种人生艰难。

這麼打開話匣子地談話，是一家人自然的流露，是無法
停下來的。

少小離家的老大 和 *我們的吶喊*

　　可是，傅少鵬已經太久沒有去實地瞭解大陸和台灣的情況了，他認定他和安安該有個*故里之游*和*台灣行*，去體會永遠在心裏的*近鄉情怯*，也該從新認識*台灣的亮點*。

　　有一年，傅少鵬和安安飛到了成都，是少鵬的出生地。飛機一著地少鵬就對安安說：
　　"我們到四川了，我們都回到*出生地*。"
　　"不見得，" 安安接著認真地說：
　　"我是重慶生的，重慶現在是直轄市，對中央來說，重慶市跟四川省是平行的地區，成都夠不上資格跟重慶平等來說。"
　　"好吧。我們小的時候都叫做四川人，對吧？"
　　"我們現在要是到了台灣都是台灣人，不然到台灣沒有人理你。"
　　"對頭！" 傅少鵬只好耐煩地用四川話來做結論。

　　傅少鵬真沒有想到，*成都雙流機場*有那麼大，飛機從跑道滑行到候機室要十分鐘。傅少鵬又想起了一件事：
　　"你知道，在抗戰的時候我爸爸是駐防雙流的大隊長，負責保衛成都的領空 ...."
　　"你沒跟我說過啊 ...."
　　"我說過。你也說過你爸爸那時候是在印度受訓，他要飛 P-40 驅逐機，你爸爸後來打下了不少日本零式機。" 傅少鵬見安安不接話就說：
　　"話說回來，我發現了一個問題：要是那時候的雙流機場就像現在這機場這麼大，" 他們邊說邊走到機場提行李的轉盤，"我爸爸每天都會餓得半死。"
　　"爲什麼？"

"你知道，負責保衛成都的領空就是要在跑道頭警戒，日本轟炸機一來，馬上就得起飛迎戰。所以我們的飛行員整天都在跑道頭等著，要吃中飯就得跑到大隊辦公室去拿幾個熱饅頭。來回這麼跑怎麼能緊急起飛？這麼出任務是不允許的，所以他們時常連吃饅頭的時間都沒有 ...."

"啊？"

"或者是在飛行夾克裏放幾個冷饅頭，咬冷饅頭總比挨餓好。你爸爸也幹過這事。"

"難怪那時候的飛行員都有胃病。"

他們到成都見到小陳的時候都快半夜了。小陳是他們的導游，見到他們很禮貌地解釋說：

"對不起，二位！今天我們這一團有五十位，有的從水路來，有的從高鐵來，我沒法分身到機場接你們。"

傅少鵬聽了，突然覺得他可以跟這小陳試試他的四川話，就問：

"小陳，你知不知道，成都的*抗戰勝利大游行*是大家打了火把的哇？" 他舉起他的右手，就像幼兒時那樣地歡騰。

小陳半天搞不清楚這突來的問題怎麼回答，他就問駕車師傅，師傅也沒有答案，小陳只好說：

"我要去打聽一下。"

"沒得關係，小陳，這已經是七十年前的事了。" 但他心中不由地念起一首賀知章的詩：

少小離家老大回　　鄉音無改鬢毛衰
兒童見面不相識　　笑問客從何處來

他不敢相信自己就是那個少小離家的老大，現在還可能是*鄉音無改*，那*鬢毛*呢？安安沒有嫌他*鬢毛衰*，那還貪求什麼？

幾天的游覽下來，他們上了*九寨溝*，在平地他們看到西藏人的舞蹈，又去跟熊貓照相。小陳服務周到，大家很快成了朋友，時常天南地北地高談闊論起來：

　　"你知道，你們台灣來的企業，像*富士康*，*華邦*那些公司，這一陣都來成都設廠，這就好呀！這些都是私人企業，比公立企業要透明，政府也樂得不必花力氣來抓貪污，對吧？"

　　他這獨立思考的說法以前在中國沒有聽過，令人興奮！傅少鵬說：

　　"對，我們兩岸該多來往，互相學習。你知道，現在台灣跟四川每星期有兩班飛機直航...."

　　"我是搞旅游的，當然知道！其實航班已經加倍了。"

　　"你不覺得，台灣跟四川可以多做些有前瞻性的計劃？"

　　"啥子前瞻性的計劃？"

　　"例如做些建設，把四川的重點企業跟台灣挂鈎。報上不是説四川是支援建設新疆西藏的中心，你們可以跟台灣的進出口接上呀...."

　　"中國已經有了這規劃，所以*十九大*才有要建設台灣海峽隧道的計劃呀...."

　　"哦，我不知道已經有挂鈎的計劃。"

　　"我哥哥就是規劃這工程（注釋十八）的委員。"

　　傅少鵬真的希望台灣會和四川結成一座*雙子星*。如果這規劃真行得通，他們當然會時常回來，因爲台灣是安安和他的成長地，四川又是他們的出生地。但是擺在眼前的變數太多了，不知如何作期望。

*****

　　傅少鵬和安安住在波士頓的這幾年一直參加了一個華人合唱團，到了 2017 年初，這合唱團跟台灣的一個合唱團在台北*國家音樂廳*舉辦一次演唱會。

就在少鵬和安安去了成都之後，他們到了台北。那天早上，他們二人找到了台北的一座大樓，上到頂樓，一走出電梯就看見三位漂亮的服務小姐，個個都盛情地說：

"歡迎光臨！"

她們動作劃一地為少鵬倆辦簽到，又親熱地說：

"不好意思，*YP 商旅*正在做早晨的清理工作，你們二位請先到餐廳享用早點，好嗎？我們一定會儘快把你們的房間打整好。"

說完就把二位請到一個舒適的起居室，還有個陽台可以看見台北市區。安安說：

"跟你說過吧，他們保證過：我們會有地方可以休息；他們清點房間不會太久的。"

傅少鵬看看，滿意地說：

"沒錯。"

兩天後，少鵬他們終於見到了*國家音樂廳*。合唱團團員大夥進了*和平公園*一看，這兒有兩個龐然的大所，居間是一片大大的廣場，氣度不亞於北京的*天安門廣場*。他們走在這廣場的拼花磚上感覺到這兒的莊嚴與宏偉，個個團員都挺直了背在那兒照相留念。

那天的音樂會是座無虛席，表演的人看到了都壯膽不少。傅少鵬他們的演出從開始就是平穩流暢，觀衆對他們選的曲子是照單全收。唱到主題曲的時候，傅少鵬有了新發現：本地合唱團的成員是比少鵬他們年輕，他不敢相信他們會瞭解曲目上要唱的《鄉愁四韻》是啥意義。這歌詞是大詩人余光中寫的，他這詩幾年前曾經在*人民大會堂*朗誦過，但被誤解了。那邊的聽衆以爲這詩只是一個台灣同胞為期望回歸而作。完全錯了。余光中是在 1974 年發表這詩的，那時是*文革*的高潮剛過，他會在那時希望回歸大陸去參加瘋狂的政治運動嗎？

傅少鵬思潮奔騰，唱到後來，他發現他們有了新的聲音，是從來沒有聽過的聲音。（注釋十七：《鄉愁四韻》）那

些少年唱者發出執誠，充滿了活力和情感的歌声。傅少鵬相信
他們站著的唱台都在跟著在顫抖，音樂廳的房頂也發出共鳴。
他必須保持他的聲音，一直唱到最後，男高音發出極輕又深厚
的呼喚：

"給我一瓢　長　江　水　——"

唱完，少年唱者欣喜地同少鵬他們一起鞠躬答禮。下台
後，少鵬問他身邊的一位少年：
"請你告訴我，你爲什麼會那麼激動地唱這《鄉愁四
韻》呢？"
"這首歌讓我發出内心的吶喊。"
"從内心發出的吶喊？"
"對的，我們唱現代的歌可以盡情地叫喚，但是不能填
補我們内心的空虛，找不到目的。我們擔心，我們憂鬱，我們
選出來的總統竟是貪污的敗類（注釋十九）。我們這些人並不
是余光中要訴說的對象，但我們是同路人，你懂嗎？他發出了
我們的吶喊，我們唱出我們的心聲！"
一些少女少男都圍過來聽他們激烈的討論，年輕人說完
話就盡情地跟少鵬他們握手，祝福他們：*明天會更好*。

音樂會後安安帶少鵬去參加她的*同學會*。這些老同學大
都是在外交界服務多年的政府精英；有的現在還在政府負起重
任，見面時開口就談最新的熱門話題。有幾位在研究是否要出
巨額資本去買美國的 F-35，那第六代的戰機？傅少鵬聽了一
陣，就禁不住發問：
"各位賢達：最近我在試圖瞭解兩岸的問題，更希望瞭
解台灣對二十年後有什麼期許?我盼望知道有什麼論壇在討論這
問題？我更盼望聽到各位的高見。請指點一下，好嗎？"
沒想到幾位校友都謙虛起來，只零碎地點了幾句。最
後，一位在外交部門的大老給傅少鵬一個深刻的回應：

我們曾是清末以來生活得最好的中國人，因為我們的努力，在這島上締造了經濟奇蹟；可惜時局紛擾，執政者無暇遠慮。我以為台灣不會還有二十年，恐怕不出十年就玩光了。就從另一角度來看，現在大陸和平崛起引領世界經濟，作為一個中國人實感與有榮焉。尤其是，我們已是暮年的這一代中國人，看到民族復興，當以歡愉心情笑看世事了。

大家聽了又加上一些個人的感觸。有人問：
"大陸準備建三條隧道直通到台灣（注釋十八）。怎麼辦？" 有人馬上回答：
"那就在台灣東岸建三個深水港，跟大陸連上，直通美洲做生意，豈不美哉？"
有位校友問傅少鵬*會不會常回來？*傅少鵬感觸地說：
"當然會，這是我們成長的地方，我們父母都過世了，我們常回來掃墓，例如，明天我們就要去。更重要的是，台海風雲常有變幻，這次也是回來跟各位賢達討教的機會。"大家接著殷勤地談話和期許。

為*羅生門*結案

　　第二天，少鵬倆一早就租車上*五指山*的 *國軍示範公墓*。他們到達後按部就班地找他爸媽的墓地，沒想到，他忽然內急，這麼滿山遍野的墓地如何解急呀？

　　他在路邊看見一座墓標明的是*徐順利*的墓碑。這不就是史斌斌終身難忘的徐伯伯嗎？傅少鵬的內急到了要崩潰的時候，他情急生智，就在關鍵時刻找到一棵柏樹借光。事後傅少鵬到徐伯伯的墓碑前鞠躬致歉。少鵬感到：史斌斌年幼失母，使他幼年感到孤獨與無助，以致他一輩子靠出奇取勝，令人覺得他古怪，不合群。——一三空*戰*的戰果讓媒體和朋友都認爲他是*誤擊隊友*，而不去探究一些*不能說*的秘密，爲他澄清。

　　很快，他們又找到了少鵬爸爸媽媽的墓地。少鵬很感謝政府在他爸爸過世之後讓嫂嫂把媽媽的墓遷來，與爸爸永遠共眠。少鵬倆開始打整墓園，行禮，追思 …. 突然，一種意想不到的情緒在少鵬的腦海裏湧起。他爸爸雖然一輩子要他們做好漢，不苟言笑，有幾次在他能放鬆的時候真的讓少鵬感到他風趣的一面。例如他剛到台灣那一陣，他會時常說故事給他們兄弟聽，他會養鷄還會煮鷄蛋給一家人吃早點。要是沒有戰事，不知他爸爸會不會像美國爸爸一樣，跟孩子們打鬧在一起，或是在院子裏追逐玩球？少鵬告訴安安，又跟她數說了好些爸媽年輕時代的趣事。

　　不由地，少鵬想到哥哥，想到一一三空*戰*，想到*空戰*的懸案，五十年來沒法解的啞謎。這是代表什麼？少鵬馬上跟妻說：

　　　"我一定要告訴史斌斌，我找到了徐順利的墓碑。"

　　　妻好奇地看著少鵬，等他說下去。終於少鵬開口說：

　　　"我要告訴史斌斌：你跟我到徐伯伯的墓地去，你要在那邊決定：你是要*報復*，還是把過去的事理清楚。"

回到台北，安安說該去看嬸嬸。在那兒少鵬打了幾通電話就把史斌斌從他的*都市叢林*裏找到了。少鵬把她們二位女士安頓好後就去會史斌斌。

二人相見時，自然是一番久別重逢的歡欣，傅少鵬不假思索地問到重點：

"史斌斌，我的大舅舅告訴我：你的戰功是因爲 U-2 偵察機的機密就被吃掉了，你同意他的説法吧？"

史斌斌聽了愣了好一陣説：

"你也知道呀！"

突然，史斌斌哭了起來説：

"我爲什麼那麼倒霉？你哥哥成了*英雄*；我反被別人譏笑？"

"你是怕別人會問你：那顆響尾蛇飛彈到底打到哪裏去了？你不敢泄露機秘，所以你編了個故事，對吧？"

"…."

史斌斌又傷心地哭了一會兒。傅少鵬等史斌斌沉靜下來了，才聽到他説：

"這世界就是這麼不公平，爲什麼從小我的媽媽會被那個粗心的徐伯伯出車禍給壓死了？"他回想起來就變得咬牙切齒地説話。少鵬説：

"的確不公平，戰亂就是造成各人命運的差別！要是那時候我爸爸沒有從重慶撤退出來，我們真成難兄難弟了。"

斌斌不搭腔，大概他以爲少鵬説這話沒有誠意。

"我要帶你上*五指山*的*示範公墓*去看看。我今天在那兒找到了徐伯伯的墓地，我已經代你在他的墓地上撒了泡尿，你信嗎？"

"真的？"

斌斌終於像小孩子那樣地大笑了起來。

他們一起上了*五指山*，史斌斌執意要先去傅少鵬爸媽的墓地行禮。禮畢，他們看著這大片無邊無際的墓園，少鵬説：

"這兒葬的多半是孤魂，都是從大陸來了回不了家的孤魂。今天遭受很多人的鄙視，是他們不該來台灣嗎？是不是有人善待他們的墓地就該滿足了？"

斌斌不以爲然地說：

"你這麼一説，我倒要説句公平話 —— 誰知道將來我們的墓地會不會有人來善待？"

"你什麼意思？" 他們二人多年不見，少鵬覺得須要斌斌說個清楚，到底他在想什麼？

"今天不是有人把我們内地人叫做 *米蟲* 嗎？這麼幾年下來，台灣還有誰會去雷達站守雷達？還有人會飛一架 F-35 那樣有用的戰鬥機去拼死保衛台灣？"

斌斌一定知道一些少鵬不熟的問題，二人又沉默了好一會，斌斌對少鵬自辯式地解説：

"我們現在都變老了，都在麻醉自己。是我們要千萬人來為我們陪葬嗎？還是應該開始鼓動大家來尋找未來的出路？"

"你說得太快，我不懂！"

"不懂，不懂！" 斌斌突然發狠地說：

"我知道你今天來找我是爲什麼？你是要知道 —— 三空 *戰* 的真相，對不對？*真相*，連我自己都沒法真正弄清楚，你能回答我的疑問嗎？"

"至少我們可以合力來尋找答案呀！"

"好，我們合力。我就一分一秒地數給你聽，看你有什麼辦法 ...."

傅少鵬拿出他哥哥嫂嫂給他的那份剪報，二人一同坐下讀那些報紙，傅少鵬說：

"放馬過來吧！"

史斌斌突然說：

"慢著，這些 *官方發言人* 的記錄我們都讀過了；這次我們要先説出我們自己的問題，再根據我們知道的實際情況來作修正，這樣做我們可以不受*外界*干擾地自己找到答案。至少我們可以安心我們試過了。行嗎？"

"這正是我希望的！可不可以我先發問題？"

"好吧！"

"我的凱文大舅曾經問過：那天公開的記錄是：

12：40　第二次支援的 F-104 戰鬥機是從清泉崗緊急起飛；

13：07　長機和 2 號僚機辨認遇到米格-19....

你們至少有 20 分鐘的空擋 ....去哪裏了？"

史斌斌笑笑說：

"我相信你的凱文大舅已經給你答案了。我再跟你說一次也無妨。我們在廣州的興寧上空掩護一架我們的 U-2 偵察機從大陸出來。因爲 U-2 飛去了大陸的*羅布泊*，收集了一個禮拜前核武爆炸的輻射塵（注釋十三），美國的 CIA 一定要分析那些輻射塵，所以才命令我們的 F-104G 戰鬥機開火來保護 U-2 從南寧回台灣.... 答對了吧？"

"謝謝你給我說實話。"

"下一個問題？"

"這個問題比較難答，希望你不介意我問：其實你們那時并沒有發射響尾蛇飛彈，對吧？"

史斌斌說他記得很清楚：

"是這樣，來攔截的是大陸最新的米格-21 戰鬥機，*戰管*突然命令 F-104G 發射響尾蛇飛彈，但是米格-21 馬上翻身下降離去了。"

"那就對了，所以我們的記錄應該修改成：

正猶豫間，**兩架**米格-21 立刻翻身下降離去。戰管叫帶頭的 1 號機和 2 號機折回，可是，他們正好找到在沿海的 RF-104G 偵察機；還有兩架亟欲立功的米格-19 正緊追著我們的 3 號機和 4 號機。

13：07，由於戰管對於方位與時間掌握得當，1 號機和 2 號機與正轉回大陸的米格機目視接觸，他們已經切到兩架米格-19 的後方。

1 號長機和 2 號僚機辨認敵機的確是米格-19， 1 號機立刻請示開火，在取得戰管的「打！」許可後，1 號機**發射響尾蛇飛彈一枚，未射出；** 2 號機立刻翻身切入發射飛彈，打下了一架米格-19。另一架共機這時才發現黃雀在後，急忙俯衝逃跑。

領隊下令各機報到，2、3、4 號機都在無線電裡一一應答。

少鵬問："這些都沒有錯，是嗎？"

史斌斌點點頭，他猶豫一陣說：

"其實，是你哥哥那天及時救了我。"斌斌接著吞吞吐吐地說：

"那天我們跑道頭警戒的時候，我突然瀉肚子，趕快去了廁所，回來晚了三分鐘，所以 3 號機和我趕到大陸海岸還搞不清方向，突然兩架米格-19 從後面來攻擊我們，我們往大陸飛，拼命呼救；我一緊張還發射了一顆射響尾蛇飛彈。你哥哥他們趕來，正好解圍救了命...."

"難怪我的凱文舅說，一一三空戰 那天戰管室是一片大亂。說是，當我們把米格-21 趕走了，U-2 偵察機就可以回台灣了。那個躲在隔壁辦公室的 CIA 代表跑到戰管室來跟大家握手，慶祝這次 U-2 成功地收集到大陸核武爆炸的輻射塵；幾個戰管官看見打下了米格-19 了，也來跟 CIA 代表慶祝，沒有人去跟蹤那 3 號機 4 號機的高度...."

"我不知道有這事...." 史斌斌驚訝地說道。

"後來 CIA 那人發現 3 號機居然飛進了大海，沒有人警告他。CIA 代表知道闖了大禍，他馬上傷心地痛哭起來...."

"真的呀？"

"那人在台灣苦幹了十年，3 號機就為這事沒有回來；CIA 代表只有請調回美，提早退役。"

史斌斌想了好一會，點點頭說：

"這是我心裏最難過的事。都是因為我遲到了，3 號機掉到海裏...." 少鵬接著說：

"所以戰管的記錄是對的：

13：09 時，突然傳來一聲哎呀，接著就沒有聲音了。領隊立刻再下令各機報到，這一次，3 號機就沒有聽到。

13：20 左右，三架戰機一一回到清泉崗，3 號機始終沒有回來。

這就結束了一一三空戰。明白了嗎？"

他們一直還在咀嚼大家拼湊出來的情景，再也沒法修改了，只希望兩岸能接受這個心平氣和的結論。

突然少鵬若有所思地問：
"所以，你們是這樣保護了 U-2；也算是保護了中國的領空，是不是？"
"什麼意思？"
"這架 U-2 偵察機證實了大陸在試爆氫彈，美國馬上要擴大越戰了，所以，再也沒有想去炸中國來斷絕越共的後援。對吧？"
"有理！"

天色已暗，他們開始走下山崗。史斌斌又回到一一三空戰說：
"這混淆的一一三空戰，不是不能結案，只是兩岸還不能坦誠地來檢討為什麼兩岸還在打？。大家明知兩岸死了兩位優秀的飛行員，卻不能承認，不給死者應有的尊嚴。"
這一點少鵬保證過他的大鵬哥，他應為死者追回該有的尊嚴，現在，他只知道答案；但是，怎麼去跟他們的家屬溝通呢？"
史斌斌接著悲觀地說：
"我們兩岸三地可以不停地攪和，繼續殺傷寶貴的生靈，直到有一天，檫槍走火，動起核武來 …."
少鵬不肯信，他說：
"再過 20 年就是南京大屠殺的百年祭，我只希望我們能正眼看我們 20 世紀的歷史，也希望我們在 21 世紀能做出些更有前瞻性的事情。"
"不說了；你說你見過徐順利伯伯的墓？"
"怎麼，你真要去撒泡尿？"

「我要去看看嘛。」

等傅少鵬他們走到那邊，天色已晚；在天邊深紅的晚霞裏，史斌斌走到徐順利伯伯的墓碑前，站了好一會，最後還是行了三躬鞠禮說：

「我撒不出來；倒是我感謝他在兵荒馬亂的時候還來照顧我們家 ....」

「對頭。」傅少鵬用小時他們說的四川話搭腔。

入夜了，*示範公墓*關門的時刻要到了，他們趕快走到大門口。門警見到他們就說：這時候計程車都已經下山了，你們可以沿著公路走下*五指山*，不到半小時就可以叫到計程車回家。

走下山一點也不難。他們望著山下，已是萬家燈火，繁星點點。傅少鵬不覺打破寂靜說：

「我希望，我們花十年時間，兩岸能找到自己的*和平方案*。台灣的亮點會像這萬家燈火一樣，個個在*和平方案*裏發光 ....」

「你記不記得，」老友突然打斷傅少鵬的話說：

「我們小的時候，在收音機裏面有時聽到共產黨的電台說：他們要來解放台灣，要來血洗台灣 ....」

傅少鵬的確記得那段惶恐的日子：

「你是說那些急功好利的兵棍，**還有那些只抱著意識形態的人**，會把兩岸逼瘋，自毀了不說，還讓列強再來牽著我們鼻子走，讓六十多年的努力變成空？」

史斌斌悠然說：

「這世界我看多了，台灣還是一塊樂土，不該落到這樣的結局 ....」

「那麼我們該相信，我們折騰了這麼多年，總得成長起來了，該爲下一輩做點事了。」

他們都同時想起一首流行歌，唱起：

看那來時路，來時路啊——
雖覺得惆悵，覺得淒涼。
我們當能放開視野，
我們會見到，見到光明路！

尾聲

　　回到波士頓的洛根機場，只見來往行人匆匆，傅少鵬問安安：
　　"你有沒有聽到廣播，我們該到哪個轉盤去提行李呀？"
　　安安看少鵬一臉倦容，她反問道：
　　"我以爲你是睡了一大覺飛回來的，怎麼看起來...."安安摸摸少鵬的臉，改說：
　　"我們的行李在三號轉盤。"

　　他們倆提著行李走到候機室門口，安安看著手機說：
　　"*優步*已經到了，就那部銀灰色的*奧迪*。 你去問他是不是 *206 號*？"
　　那車的司機靈巧地下車來，開了後座車門，確定他們是 *206 號* 的乘客。傅少鵬滿意地把大箱子交給那人就上車了。他滑到車子裏面，皮椅子讓他感到舒適，沒等安安進來他已經開始打哈欠了。
　　車子開動後，司機自我介紹他是*本力*，安安問那司機這幾天波士頓的天氣如何？籃球賽如何？*本力*一一作答。
　　安安跟*本力*打趣地說：
　　"*本力*，我一直在留意，你這車上裝了好多電綫… "
　　"你是說，好多*連綫*？對，我在試不同的天綫。你知道，幹*優步*只是我的副業。我每天早上五點鐘就起來，馬上就鑽進我的實驗室，我在研發*第五代的網路通信器材*。每天我可以開*優步*賺錢養家，還可以跟我的研發夥伴開發新產品。我得意極了！"
　　"*本力*，你是這邊 MIT 畢業的嗎？" 傅少鵬突然發問。安安以爲少鵬早已在車上睡着了，沒想到他一直在聽。
　　"呃，先生，這就是問題。我是*東北大學*畢業的，在波士頓的好學校太多，少有人留意*東北大學*，其實在*東北大學*我可以半工半讀，六年下來我得了電機碩士學位，同時還有五年在*摩托羅拉*的工作經驗...."

　　"你好像有外國口音，我可以問*你是哪兒來的*？"

　　"先生，我是從*以色列*來的。在那邊，我們見到的局面太小，我的舅舅要我到美國來深造；在美國，我可以見到全世界，跟大家合作，開發新產品，爭霸天下...."

　　少鵬覺得這人說話很有意思，就打斷他說：

　　"是呀，在這裏你可以看到全世界，開發市場不會有偏差。"

　　"開發我這樣的產品必須有錢，我舅舅說，*別擔心，只要你做成了產品，我去華爾街幫你找錢沒有問題，問題是第五代的網路 是要支撐全球通信的需求，你能保證嗎？*"

　　"對呀，我也是幹這行的，你能保證嗎？"

　　這*本力*馬上警覺地從反光鏡裏看看少鵬說：

　　"這就是我每天在試圖解決的問題，我在測試我們的天綫是不是在任何天氣，任何地勢都是最優良的 ...."

　　突地，*本力*把車停下來，他說：

　　"傅先生，傅太太，我們到了！"

　　安安馬上要少鵬別徑自說話，要他下車付錢。

　　等一切定當后，少鵬跟*本力*說：

　　"*本力*，你是我的朋友，我相信我們還會有機會再見面的。我可不可以現在問你一個個人的問題？*第五代的網路通信*是一個世界級的產品，少不了世界列強都會來爭取霸權，我相信你們會爭得一席之地。等這*第五代的網路*開始全球運作之後，你對將來有什麼打算？

　　"你是說將來我怎麼過休閑的日子？我喜歡踢足球，我要我兒長大了去踢足球，做足球明星也可以！他愛做科研更好，他要是衝到天邊我也不擔心。這兒對愛打拼的人是公平的。"

　　"我是問*你*呢？"

　　"我呀？或許等中東太平一點我會回去，我要像你們中國人一樣去推動*沙漠土壤化*（注釋二十一）；也或許，我會呆在這兒養老。我可以用*第五代的網路*做以色列的網民，天天上以色列的網站，唱歌，或是用希伯來文寫詩。這地球越來越小了，只要我們自己不會把它毀去。"

傳少鵬咀嚼這本力說的話，感到最近似乎少有人這麼明説，更別談大家心中在擔心什麼了，本力讲到沙漠土壤化让他感到陌生。他突然发现：他们傅家原是耕讀為生，竟然两代都投入在战乱，从没有想到在一片土地上作為什麼。

傳少鵬跟本力熱心地握手，交換了網址，說他們是同行，不該等到他們的研發工作完成了才見面。

傳少鵬回到家裏才發現表弟趙思明在找他。原來趙思明的手機并不跟他的 PC 同步聯上，少鵬在海峽兩岸跑的時候沒有帶笨重的 PC，所以趙思明一直在找他卻沒有通上氣。

"思明，對不起，我去海峽兩岸跑了幾天，竟然我沒有把我的手機號碼留給你。"
"沒事兒，沒事兒！表哥，我得回杭州一趟。"
"我們老家有事兒嗎？"
"杭州沒有事，是美國這邊跟大陸的貿易戰爭開始了，我得回去安排一下。萬一人民幣跟美金的匯率改變太快了我們怎麼做生意呀？"
"那問題牽涉蠻大的，很不好對付呀！你有辦法嗎？"
"総可以做點儲備應變的事。我得回去試試。"

少鵬沉默了一下，他跟思明慰慰地說：
"好吧，祝你好運，隨時跟我聯絡喲！"

八*破藝術*是歷史裏面一種可能被忽略的記錄，
而八*破小說* 只是八*破藝術*的陳述。

現在，**領空與視野** 這小説已逐漸被凍結了，
希望我們珍惜可能被忽略的記錄，以期我們會
創造更完美的未來。

領空與視野

注釋

關於 *八破小說*　　*The 8 Brokens* 一書（注釋十九）對 *八破 藝術* 作了綜合歷史性的介紹。領空與視野 *更推衍八破* 到小説的領域，用意是對即將被忘懷的多端史實加以珍惜，以期我們會創造更好的未來。

注釋一：《田中奏摺》（https://zh.wikipedia.org/wiki/Irene Chang <irene.leechang@gmail.com>）　　據傳蔡智堪是台灣出生的日本富商，動用個人關係，化裝潛入日本皇宮，費時兩夜，細心抄出《東方會議》的紀要文件（亦即是獻上天皇約四萬字的秘密奏摺）。奏摺提出日本的新大陸政策 的總戰略是：欲征服支那（指中國），必先征服滿蒙，欲征服世界，必先征服支那。日本獲取中國的資源後就可以進而征服印度、南洋諸島、中小亞細亞以至歐洲。大和民族在亞洲大陸顯露身手，掌握滿蒙的權利則為首要關鍵。

注釋二：*Manchukuo,*
(https://www.google.com/search?rls=aso&client=gmail&q=Manchukuo%2C&authuser=0）

注釋三：　一二八*事變* （https://zh.wikipedia.org/wiki/一、二八事變）

注釋四：Hong Zheng (鄭洪) Nangjing Never Cries; Chap. 11, The Killian Press, 2016。　ISBN 9781944347000.

注釋五：　沈寧 *民國時期是中國歷史上最需要理性研究*，美南作家協會演説，2012 年 2 月 18 日下午。沈寧祖籍浙江嘉興，外公為現代史著名歷史人物陶希聖，伯父即為現代史著名*七君子*之一沈鈞儒。

空軍英雄的英勇事績

https://mp.weixin.qq.com/s/pfENOPgOGYwRlxcl1t_Gkg

注釋六: 堀（音同窟）田江理这本《日本大败局》精簡載於：

https://mp.weixin.qq.com/s?__biz=MzI2NjE5NzQzOQ==&mid=2654291

065&idx=2&sn=f06b6878ca790bbb964692236488abc0&chksm=f15024a

9c627adbf909ac00e36a7ace240e4f7df1bcc9c8e77033a4a233221fba4e47a

c83ac7&scene=0#rd

注釋七：　1949 年風雲變色 國民黨逃難到台
https://www.youtube.com/watch?v=cGejIltpJI4&feature=youtu.be

注釋八：　曹雪芹 *紅樓夢* 第九十九回。

注釋九：　聯合報 35 版/聯合副刊 *空戰新聞* wanderer 1994-01-28

注釋十：　《羅生門》，*不知道誰真誰假* 的代名詞。　(Rashomon) 是日本大文豪芥川龍之介的一篇短篇小說，1950 年大導演黑澤明把芥川龍之介的另一篇短篇小說《樹林中》(In A Grove) 合併改編成一部經典電影。　故事是說樹林中發現一具死屍(武士)，官府審訊四個當事人：武士(藉由靈媒招魂)、婦人(武士的妻子)、強盜(強姦武士妻子，瞎貓碰到死老鼠，殺死武士的人)、樵夫(自稱目擊)。官府的審訊始終是不能定案。

注釋十一：　葉勝萍 *關於採訪胡壽根先生有關情況* 筆記，1994 年十一月十六日
陳東龍 *飛行在台灣上空的中共殲六戰機* 國防新聞網，2017 年 9 月 28

注釋十二：https://en.wikipedia.org/wiki/Mikoyan-Gurevich_MiG-19

注釋十三：
https://en.wikipedia.org/wiki/List_of_nuclear_weapons_tests_of_China

注釋十四：Graves of British soldiers

American poet James Russell Lowell wrote in his poem "Lines" (1849) of the graves of two of the three British soldiers who died at the bridge:
In 1910 residents of Concord placed a plaque to mark the graves from Lowell's poem:

> Grave of British Soldiers
> They came three thousand miles and died,
> to keep the past upon its throne:
> Unheard, beyond the ocean tide,
> their English Mother made her moan.

注釋十五：　姚蜀平 *願天下壯士志終酬* P。367 *小四清，大四清* 美亞出版社 2018，10 月 ISBN 978-1-942286-11-0

注釋十六：胡宏，《悠游》P.148，~ P.149, Minuteman Press, USA, 2014.

注釋十七：《鄉愁四韻》 GCS+沂風合唱團 20170416
(https//www.youtube.com/watch?v=j9NEIrDukwE&feature=youtu.be ）

注釋十八：
 https://www.youtube.com/watch?v=1R5L59rv0uA

注釋十九：*Hidden in Plain Sight*: New York Just Another Island Haven／
By Michael Hudson, Ionut Stanescu and Samuel Alder-Bell／Published: 07
July 2014, Written By OCCRP (計畫犯罪與貪污報告專案)

注釋二十：*The 8 Brokens* 作者是 Nancy Berliner 由 MFA Publication，
Museum of Fine Arts，Boston 發行. ISBN 978-0-87846-831-7，2018.
爲什麼叫*破*呢？那是基於民間習語*碎碎*（歲歲）*平安*的意思；八代
表多數，也有*發*的意思。實例：美國康奈爾大學藏 Wu Zhouhua 贈
Hua Yuan Da Bao 畫卷：

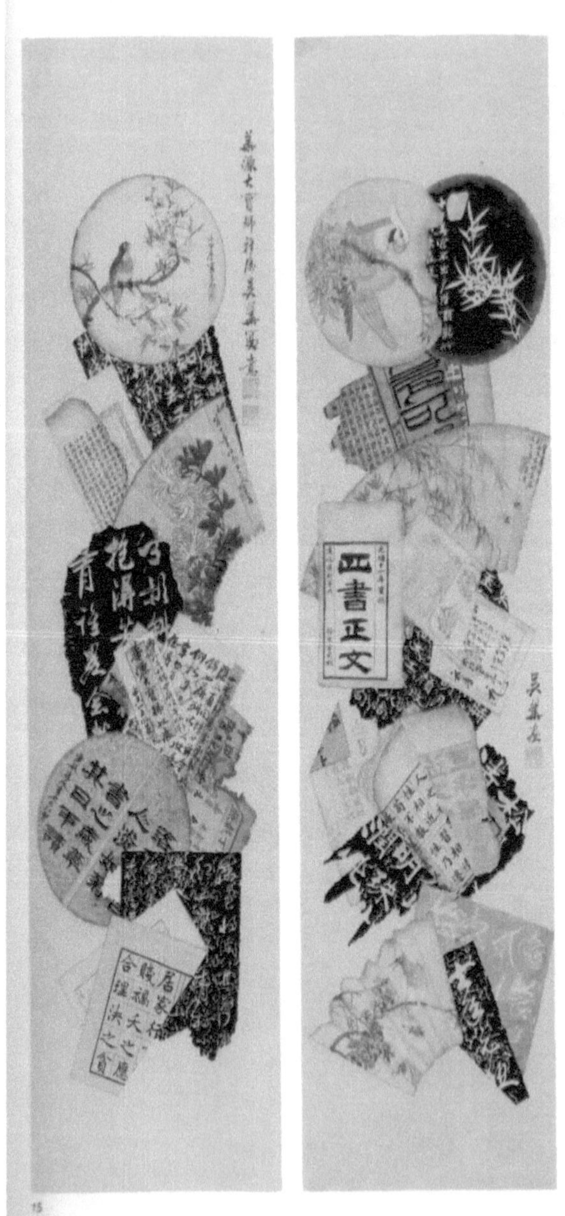

注釋二十一：中國有 8 大沙漠，4 大沙地，根據 *全國防沙治沙規劃* （2011-2020 年）公佈的數據，中國有約 173.11 萬平方公里沙化土地，約佔國土面積的 18%。中國有近 35%的貧困縣，近 30%的貧困

人口分佈在西北沙區。即使僅治理 1%的沙漠，就有約 2600 萬畝左右面積的土地，回收豐厚。

https://mp.weixin.qq.com/s/Q3vAQYfb4WWK1Vk7NnUdBA

致謝

　　我相信任何人在開始一件須要五年才能完成的工作時，一定會擔心這工作會不會完成。在開始寫**領空與視野** 時我的確擔心這事。所幸我妻已經見過我以前寫作過程，這一次她仍然跟我討論細節，或是分析我的困擾、鼓勵我繼續探索。這故事就這樣寫成。我衷心地感謝她這麼全心的支持。

　　在寫作過程中，一些意想不到的事會出現，例如邵吉，我們在極不可能的情況下聯絡上了。他的經歷幫我填上了好些空白，也幫我把一些說不清的人生感觸討論得我可以落筆，在此深表感謝。

　　在美國，台北和杭州我有許多愛好文藝的朋友，他們給我可貴的靈感，也慷慨地幫我把往事解釋到深入的層次，我要謝謝他們，尤其是鄧備殷、姚蜀平、戴鴻超諸位大老級的好友。

　　我生長在空軍家庭，無可否認的，我從小就時常聽到一些親友的經歷和事功，如是，這故事才能活生生地寫出來。這包括到一些前仆後繼的英雄，和有獨立見識的親人，這些都是啓發我寫這故事的潛力，我要對他們表示無邊的感謝。

　　我還要感謝我們周圍雄厚的參考資料，他們讓我構思時引用，我們寫作的內容也因以而得潤色。我特別要感謝 Wikipedia, Google, 聯合報，YouTube 所提供的信息，和波士頓博物館關於八破的資料。

　　最後我要謝謝諸位讀者，有了你們我才有這寫作的動力，祝大家萬福！

關於作者

　　本名胡世沛，生於四川雙流，畢業於台灣*東海大學*，赴美專攻半導體。在美國*東北大學*獲博士學位，以設計*IC*為業。1990年創*速波公司*，研發網路產品；2002年任*東北大學*客座。

　　由於參加*大波士頓區中華文化協會*（簡稱文協）的各項文藝活動，產生對小說創作的興趣。1988 年與*文協*好友創辦*藝文小集*，先後發表多篇作品刊載於*文協通訊*、*波士頓新聞*等刊物。為慶祝*文協*成立五十週年，作者撰寫劇本*燦爛的星光*並輔助演出。著作有：長篇小說*黑鷹*，由台灣*黎明出版社*發行（2014）。作者彙集二十年來行及八國十四地的游記、小說、新詩納入*悠遊*一書出版（2014）。

About the Author

Spencer was born in Sichuan, China, educated in Taiwan, and earned PhD at Northeastern University, Boston, USA. He worked as an IC designer and later became an Adjunct Professor at his alma mater.

He devoted in writing when started to serve GBCCA (Greater Boston Chinese Cultural Assoc.) in literature activities. His first book was named *Black Eagle*。 It was about a spy plane pilot which was well received in Taiwan. His second book *Leisurely* was about his tours of 14 landscapes in 8 countries. Both were released in 2014.

領空與視野
The Air Space and Vision

作　　者/胡　宏（Spencer Hu）
出版者/美商 EHGBooks 微出版公司
發行者/美商漢世紀數位文化公司
臺灣學人出版網：http：//www.TaiwanFellowship.org
地　　址/106 臺北市大安區敦化南路 2 段 1 號 4 樓
電　　話/02-2701-6088 轉 616-617
印　　刷/漢世紀古騰堡®數位出版 POD 雲端科技
出版日期/2019 年 7 月（亞馬遜 Kindle 電子書同步出版）
總經銷/Amazon.com
臺灣銷售網/三民網路書店：http：//www.sanmin.com.tw
　　　　三民書局復北店
　　　　地址/104 臺北市復興北路 386 號
　　　　電話/02-2500-6600
　　　　三民書局重南店
　　　　地址/100 臺北市重慶南路一段 61 號
　　　　電話/02-2361-7511
全省金石網路書店：http：//www.kingstone.com.tw
定　　價/新臺幣 450 元（美金 15 元 / 人民幣 100 元）

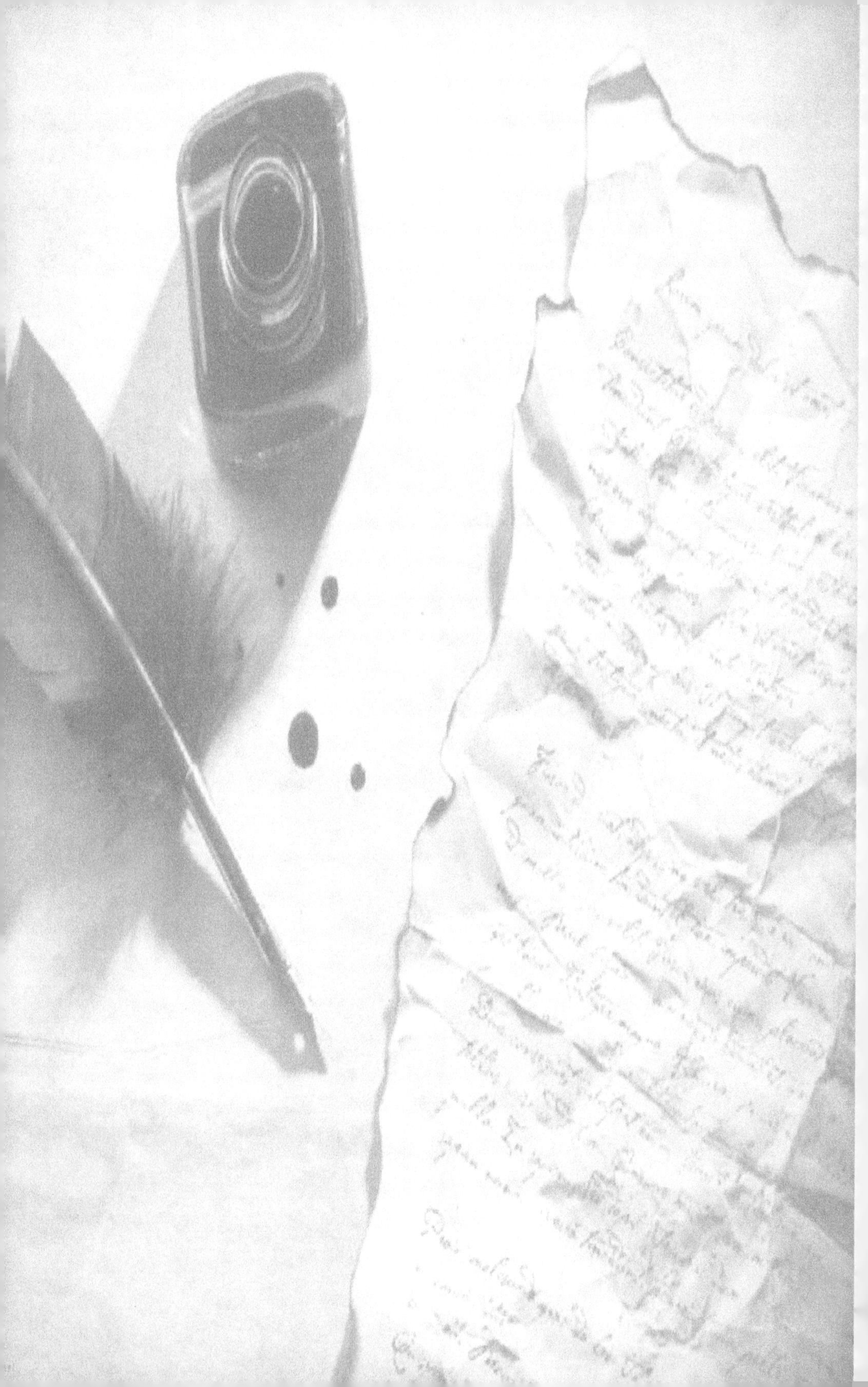

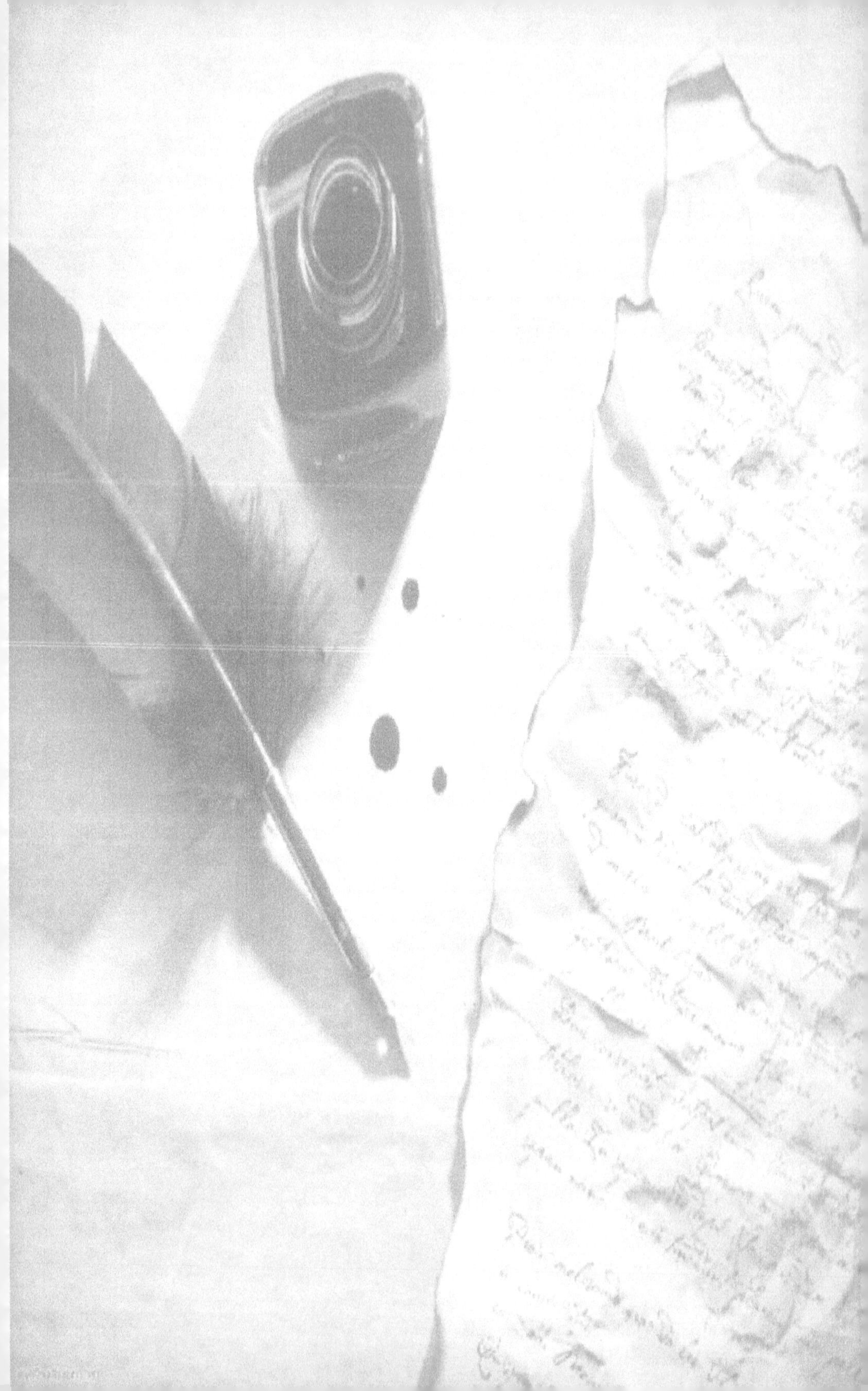

www.ingramcontent.com/pod-product-compliance
Lightning Source LLC
Chambersburg PA
CBHW031317060726
47590CB00003B/1245